ITALIAN TEXTS

General Editor: KATHLEEN SPEIGHT

NOVELLE PER UN ANNO

AN ANTHOLOGY

Il fu mattia Pascal

Cosi e se vi pare

6 person.

Herico IV

Luigi Pirandello

Luigi Pirandello

Novelle per un anno

An anthology

edited,
with introduction,
notes and vocabulary,
by

C. A. McCormick

B.A. (Cantab.), Reader in Charge
Department of Italian
University of Melbourne

Manchester
University Press

© 1972

Published by the University of Manchester at
THE UNIVERSITY PRESS
316–324 Oxford Road, Manchester M13 9NR

ISBN 0 7190 0469 1

Printed in Great Britain by
Butler & Tanner Ltd, Frome and London

CONTENTS

To Kathleen Speight
in grateful friendship

PREFACE

This selection of Pirandello's stories is offered both as a suitably annotated text for the student of the Italian language and, together with the edition of his *Three Plays* in this same series, as an introduction to his work generally. Any anthology of the *novelle* must be, to a large extent, an act of personal choice but I have tried to give a representative range chronologically in that the stories here, written over almost forty years, cover nearly the whole period of Pirandello's creative activity, and I have also sought variation in tone and setting. Pirandello's fame rests principally on his plays but the suggestion that the *novelle* may well prove more durable is not one to be lightly dismissed.

I am greatly indebted to the Amministrazione degli eredi di Luigi Pirandello, Rome, for permission to produce this English edition, and to Arnoldo Mondadori Editori for permission to use their texts of the stories.

For particular points of interpretation I have had recourse to the kind help of friends and colleagues in Australia, among whom I am particularly indebted to Dr Cordelia Gundolf, Mrs Myra Caliò, Dr Clelia Meden and Dr S. Skillacy.

I am most grateful to Dr Kathleen Speight, the General Editor, for her constant advice and encouragement and, most particularly, for her patience with a distant and not always prompt collaborator.

Melbourne, 1972   C. A. McCormick

INTRODUCTION

In the previous Pirandello volume in this series[1] the editor has skilfully woven information about Pirandello's life and personality into her introduction to the plays. It would be pointless and repetitious to repeat this for the short stories, so the reader is referred to Mrs Firth's volume and, if he hasn't it to hand, to the brief biographical appendix to this Introduction. There is also another reason for not insisting on biography here. Pirandello wrote short stories throughout virtually the whole of his literary career; if we exclude the youthful *Capannetta*, the writing of them stretches over more than forty years, at its most intense in the years up to 1915, slackening then until about 1930, i.e. during the period when he was most concerned with writing for the theatre, and increasing again in tempo in the last few years of his life. And yet, although critics are rightly concerned with tracing out the lines of Pirandello's development as a writer over this long period,[2] although, too, it is often possible to relate stories to incidents in his personal life, such considerations are of perhaps marginal importance when set against the strong impression of the consistent attitude to life that the stories display. It is an attitude which is commonly summed up in the phrase 'relativity of reality' with the novel *Il fu Mattia Pascal* (1904) being seen as its first full formulation. Throughout his work—stories, novels, plays—Pirandello probes into the inconsistency, the fluidity of our hold on what we like to call the 'truth'. Can we really know the 'truth' of ourselves, of others, of the world around us? Is there anything fixed and sure to which we can cling? It is possible to see all Pirandello's work as a series of negative answers to this sort of question—not cold negatives,

[1] L. Pirandello, *Three Plays*, ed. Felicity Firth, Manchester University Press, 1969.

[2] Particularly interesting in this connection is A. Leone de Castris, *Storia di Pirandello*, Bari, Laterza, 1962.

though; rather the despairing answers of a man who longed for consistency and certainty but was unable to find them in the formless flux of the reality of our world. But, to put the point more specifically and in terms of the stories in this volume, is not the essence, is not what really matters in the earliest story included here, *La maestrina Boccarmè* (1899), substantially the same as what really matters in the latest of them, *La tartaruga* (1936)?

In the first of these stories the schoolmistress defends the carefully constructed but so fragile inner balance that she has managed to achieve, not so much from the outside world (la Valpieri) as from herself, from her own doubts and memories. To defend it is the only way she has of making life bearable—or meaningful, which is the same thing. At the end she can look again at the yellowed portrait of her admirer, can still transform and dominate the memories it represents, but, Pirandello suggests, it is well that she does not see herself in the mirror. She has succeeded in defending her inner world, her 'reality', but such defences are always carried out at a cost. Mr Myshkow of *La tartaruga* is in a different position; for him there is no precise inner reality to be defended, but rather the search for true identity, for a way to realise the childlike spontaneity and love of life that is in him but is mortified by his porcelain-frigid wife and by those two terrifyingly aged children. The little tortoise represents what? Probably the most persuasive of the various lines of symbolism one could follow is that of sexual liberation, but whichever interpretation one may prefer, the central theme of a loosening of bonds, of an escape from social constriction, is clear enough. Pirandello leaves Mr Myshkow looking uncertainly towards an unknown future. Perhaps, in that future, he too, like the schoolmistress, may find there is a price to pay—but that we don't know.

However, both these stories, dissimilar enough in setting and mood, dissimilar too in their final solutions, spring from a common attitude and a common questioning, which stem from an apprehension of the world as wholly irrational and chaotic (the symbolic significance of Pirandello's birth in a house called 'Caos' has been often observed). We, the men and women who inhabit this patternless place, are like the school-mistress, seeking to achieve and defend a position which will give us at least the illusion that our life has shape and meaning; but if we succeed we must pay the price of success, and the price is self-limitation. Alternatively, as perhaps Mr Myshkow is beginning to do, we may accept the fundamental irration-ality, challenge our own instincts towards patterning our-selves, refuse too the patterns that society seeks to impose upon us, refuse to limit ourselves to being 'someone' or 'something'. Mr Myshkow has an inborn resistance to patterns—'La vita per lui non è mai nulla di preciso, né ha alcun peso di cose sapute.' We may think that there are not many Mr Myshkows. I doubt if Pirandello would have disagreed; they are rare. The evidence of his writing as a whole points irresistibly to the conclusion that, in Pirandello's view, most of us seek the apparent safety of the pattern (*la forma* is his own word) and we are further urged to do so by the pressures of that conglomeration of habits, observances, customs and traditions that we call society. Let us remember, too, that Pirandello was a Sicilian; he came from a region where social forms had (and to a large extent still have) a particularly compelling force. But perhaps, rather than split humanity into two categories, we should think of the coexistence of the two tendencies within each individual. We long for utter freedom, long to throw off convention and yet we feel the need for consistency, inner even more than outer; we feel much more comfortable if we can at least give our-selves the illusion of being 'someone'—more comfortable both with ourselves and with society. Most of us are like Professor Gori in *Marsina stretta*, casting off our mask only for a moment and then lapsing back into normality, or like the lawyer of *La carriola* who reduces his desire for freedom to an occasional symbolic act. There are not many Mr Myshkows (and who knows how he will end up?), not many who, like Tommasino Unzio of *Canta l'Epistola*, can remain free even to the point of accepting an apparently utterly purposeless death.

Most discussions on Pirandello find their way, as ours has just done, into the area of formulas: form versus life, fixity versus flux, metaphysical cats chasing their tails. It was a temptation Pirandello himself did not wholly avoid, particularly in the later part of his life when he was influenced by the critical formulations of Adriano Tilgher.[3] The formulas, with all their possible permutations, may sometimes be convincing, in fact usually are, but are still not wholly satisfying. *Il capretto nero* may serve as an example. The story tells of a young English girl who, on a visit to Sicily, falls in love with a delightful baby goat, buys it, leaves it in the care of the British vice-consul, a literal-minded man with a precise sense of duty, sends for it some months later and is horrified to receive in London a fully grown and fully odorous animal faithfully despatched by Vice-consul Trockley. She cannot and will not believe that it is the same animal. Ah, we say, this is clearly an illustration of the attempt to fix a *forma* upon life which is, in reality, constant change and flux; and poor Mr Trockley, now reviled for having done what he considered his duty, is Pirandellian man in the blinkers of the *forma*. If we wish we can reflect further, in Pirandellian fashion, on non-communication in a world where each being creates its own inner reality, an isolated flickering light against the formless dark of the void—and so on. Tempting; convincing, even; right, even; but shall we feel we have captured the essence of *Il capretto nero*? One reaction to this question may be to point to the descriptive passages, those of the Greek temples, for instance, 'ormai solitari in mezzo al grande e smemorato abbandono della campagna', or of Miss Ethel with the kid in her arms, a dream of freshness and vitality and innocence against the fantastic glory of the setting sun. The passages are magnificently done, not mere description but evocation, yet it is not at once obvious how they will take us any nearer to defining the essence of the story. Does this rather lie, as Frederick May

---

[3] For the influence of this critic on Pirandello, see Gaspare Giudice, *Luigi Pirandello*, Turin, U.T.E.T., 1963, pp. 386–400.

has suggested,[4] in the constant presence of the narrator, in that quizzical Pirandellian voice gently but firmly stripping off the layers of our dreams and illusions? In other words, is the essence of this story to be found in the way in which things and people are looked at? And have we, in asking that question, arrived at an illumination, or merely implied the abundantly obvious? Perhaps the moment has come to try another tack.

La morte addosso will be, for most readers, one of the most frightening stories in this collection; there is nothing but a voice—insistent, questioning, wholly disturbing. The man with the flower in his mouth not only adheres to life like a climbing plant but wants to penetrate, through his imagination, into its most secret essence. He watches a shop assistant tying a parcel, loses himself in contemplation to the point where he would wish himself to become the material being wrapped, the ribbon that the assistant twines so elegantly round his fingers—'fino a quanto riesco ad addentrarmi!' Any why? Even before Pirandello has told us that the flower is the flower of death, we have heard the answer. This penetrating into the essence of other things and people is not an act of pleasure, rather it is a way of reaching the conviction of the utter futility of life; it is a spiritual anaesthetic, because to live life fully is impossible and the anguish of emptiness always awaits:

Perché, caro signore, non sappiamo da che cosa sia fatto, ma c'è, c'è, ce lo sentiamo tutti qua, come un'angoscia nella gola, il gusto della vita, che non si soddisfa mai, che non si può mai soddisfare, perché la vita, nell'atto stesso che la viviamo, è cosí sempre ingorda di sé stessa, che non si lascia assaporare.

This should not be taken as a generalised statement, divorced from the despairing passion with which it is spoken by a man who knows that he will soon die. But at the same time, we are inevitably taken beyond the individual case to the thought that

[4] F. May, *Luigi Pirandello*, *Short Stories*, London, Oxford University Press, 1965, p. xxi.

this thirst for life which can never be satisfied is something in all of us, is part of the human condition. And we shall think of Tommasino Unzio, with his tender love for all living things that are bound to die, seeking identification with a blade of grass or of the fluttering consciousness of Mr Myshkow fixing itself with joy on the muslin curtains in his bathroom. In their various ways, all these people are concerned with the central Pirandellian question—'How can I live?' The stories—indeed, all his work—offer many answers to this one question, or (and the distinction is important) many attempts at answers, for we seek our solutions in any way we can and no way is wholly satisfactory and no way exempts us from paying a price. Miss Ethel Holloway can achieve her moment of pure joy in the possession of the black kid, but the bill will be presented eventually. All kids turn into goats.

We go on formulating our attempts at answers because we have no choice. For many the achievement and preservation of a position, an 'image' (as much for oneself as for others) seem the solution. Chiàrchiaro in *La patente* up-ends ordinary values by demanding official recognition of his evil-eye. His motives are not only economic; as always, the passion is there, in his case hatred for a society that has rejected him seeking an outlet. Thus he will become 'someone'. Or old Siròli in *Alla zappa* will fight to salvage from the tragedy of his son's shame the thing that most matters to him—his self-respect—and pay, with the loss of his son, the inevitable price. He will remain 'someone', but that won't check the tears with which the story ends. In those tears we may see the anguish of our inability ever to find a fully satisfying answer to the question 'How can I live?', our inability either to come fully to terms with, or to ignore completely, the knowledge of disintegration, of the void that constantly threatens. Even the sober Mr Trockley, sure in the castle of his reason, may yet feel some unease. Perhaps, of the characters in these stories, the happiest, because the most able to create for himself an inner consistency and to exclude anything that might undermine it, is Professor

Bernardino Lamis of *L'eresia catara*, an exponent of that *piacere della storia* on which Henry IV theorises in the play of that name. But even for Lamis, history, for its own sake, is not enough. He too must be 'someone', must have his revenge on the rival historian von Grobler and deliver his 'formidabile lezione'. Will he ever know that no one heard it? And what would happen to him if he did? Pirandello chooses not to pursue such questions explicitly, but we can hardly be unaware that, for Lamis too, the void threatens.

Perhaps we can now return to our original doubts about the Pirandellian formulas being wholly satisfying ways of defining his stories. We shall now know, at least, that we must avoid any tendency to think of the formulas as intellectual abstractions. The basic experience with which Pirandello is concerned is that which is generated by our attempts to answer the question 'How can I live?'. The experience comes first, the formulas grow from it; it is the passionate questioning that elicits a response from the intellect, and that response continues to bear the mark of its origin. If we now ask ourselves again about the function of the landscape passages in *Il capretto nero*, we may recall how the man with the flower in his mouth concentrated his attention even on the 'minime apparenze'. We may feel that Pirandello's evocation of Miss Ethel against the sunset or of the black kid gambolling among the temples are similar attempts to hold on to 'apparenze'. We must clutch at them while we can: at the best, to treasure the bloom of beauty that is upon them; at the worst, to occupy ourselves with them because unless we can find the illusion of occupation the void of doubt awaits us. And perhaps the essence does lie in the Pirandellian voice, treasuring the things and people of this world yet knowing their nullity, stripping away illusions yet healing the hurt by showing us that we need illusions to live by. In this unity of particular and general, of 'minime apparenze' and major questionings, of passion and intellect, Pirandello may rightly be seen as belonging to one mainstream of the Italian literary tradition, the stream of Dante and Machiavelli. But let us beware of our own formulas

as well as his, lest we too hear that calm but unrelenting voice—
'Ma, caro signore . . .'

In *La tragedia di un personaggio* Pirandello imagines himself
interviewing various characters who are demanding artistic
realisation. Let us shift the allegory just a little. Imagine a
doctor in a consulting room, a man with deep experience of
life and deep compassion, but certainly offering no universal
panaceas. A patient arrives with, let us suppose, a mysterious
and uncomfortable growth. The doctor will first question him
and then will feel the growth, press it gently, then more
firmly, for he must know what pain is involved. As the pressure is applied the patient will react according to his temperament and the degree of pain he feels. The doctor will go on
pressing and observing until he has made his diagnosis. Is this
something like the pattern of the Pirandello short story? The
character or characters are seen at moments of tension,
pressure is applied and their reactions reveal them for what
they are: like the doctor, the author is not an impersonal
mechanism but part of the process, as he interacts with his
own creations, probes their weaknesses, understands their
failings. Where our analogy, of course, breaks down is that
Pirandello will diagnose but prescribe no cure. There is no
cure for life (or death).

If, recognising the approximate nature of any such analogy,
we bear the doctor/author idea in mind, it may cast some
light on Pirandello's mastery of the short story form and his
steady faithfulness to it. His way of perceiving people was
precisely at moments of pressure and his interest lay in following out the effects such pressure might have. For this the
compression of the short story was the ideal medium. And
the interaction between doctor and patient may also point to
the essentially dialogue quality of the stories. It will be immediately obvious to any reader that Pirandello was, from the
beginning, potentially a writer for the theatre, an author who
heard people speak and saw them move.[5] The fiction of

[5] Stories in this collection that became plays or contributed to
the idea of a play: *La giara, La patente, La tragedia di un per-*

La tragedia di un personaggio is a direct representation of Pirandello's sense of his characters as living presences within him. The story is told, significantly enough, of how some workmen on a building in Rome who could see into his study window stopped work in fascination at the sight of the author at his desk, talking to himself, gesticulating, making all sorts of strange faces. He was obviously living out that impelling sense of the physical reality of his creations. This sense of the author's presence among his characters is a constant of the Pirandellian style with its interrogations, its qualifications, its sudden exclamations. Often the first sentence of a story will appear to be the continuation of a dialogue already opened up between author and character or author and reader:

Senza dubbio il signor Charles Trockley ha ragione.

Il capretto nero

Piena anche per gli olivi, quell'annata.

La giara

This presence of the author as questioner and diagnostician may be most felt in those stories whose characters are fixed in a given mould, convinced of their own rightness. Hence the multitude of probings that surround Mr Charles Trockley, hence the constant comments on Don Lollò and Zi' Dima in *La giara*. Elsewhere the Pirandellian presence will be detected in a character who stands on the margins of the action and comments on it—Judge D'Andrea in *La patente*, Doctor Mangoni in *Niente*. Or again, the central figure himself may become virtually indistinguishable from the commenting presence of the author; these are the men who, in the Pirandellian sense, have 'understood the game', who have recognised the anguish and chaos beneath the forms of our living, as has the man with the flower in his mouth, as has the lawyer of *La carriola*. On the whole, these variations correspond to variations in the tone of the stories. Pirandello is at his lightest and gayest when most detached from his creations (*La giara, Il*

sonaggio, *La morte addosso, Cinci.* F. May, *op. cit.*, pp. 252–5, examines the relation between stories and plays in detail.

capretto nero, *Marsina stretta*); his mood will tend to darken the more need he feels to identify himself with them, until doctor and patient become virtually one. Such a tendency (not, of course, to be thought of as possessing mathematical accuracy) may well be linked with Pirandello's essay on *Umorismo*,[6] central to the understanding of his attitude to life and art. In drawing a distinction between *il comico* and *l'umoristico* he uses the example of the laughter that may result from the sight of an old lady who tries, quite unsuccessfully, to make herself appear young. Our first laughter is generated by our registering the contrast between reality and appearance ('l'avvertimento del contrario'). But if we reflect further we may realise that here is something more than the merely ridiculous, that perhaps this lady is trying desperately to hold on to the love of a husband younger than herself; if we do this we have reached that *sentimento del contrario* which is, for Pirandello, the source of *umorismo* and his own particular quality as a writer. The more deeply reflection carries him from the first stage of *il comico* to the second stage of *l'umoristico*, the darker, the more despairing will the tone of the stories become. One is tempted to add 'and the greater will be the indulgence', but we should be cautious here. In the same essay Pirandello warns that this could well be an over-simplification. Taking as his example the best known humorous figure in Italian literature, Manzoni's timorous Don Abbondio in *I promessi sposi*, he shows how Manzoni's 'indulgence' for the priest depends on his conveying his feeling that Don Abbondio's faults are, after all, human, but that this, in its turn, produces in the reader a sorrowful meditation on the human lot, 'una tristezza infinita', that will be very different from the indulgence we can feel for any individual. 'Quella pietà, in fondo è spietata: la simpatica indulgenza non è così bonaria come sembra a tutta prima.'

Apart from *La morte addosso*, there are in particular three stories in this collection which bring us close to the quality of 'pitiless pity' that Pirandello found in Manzoni. *Niente* is a

[6] See *Saggi, poesie e scritti vari*, Milan, Mondadori, 1960, particularly pp. 127 and 144–5.

grouping of grotesques—the threadbare concern of the *signore* (significantly, Pirandello does not provide him with a name), the pathetically futile provincial poet who bungles his suicide attempt, the stupid parents, the love-sick daughters—all summed up by Doctor Mangoni, who is apparently as much a grotesque as any of them, as the 'inconcludente miseria della vita'. But the real pity without pity lies in the inevitability of human disillusionment, in the pathetic hope of love that will be reduced to marriage, in the greed for life that will be reduced to the four walls of a squalid house. Doctor Mangoni, unlike the man with the flower in his mouth, cannot dwell on the skill of a shop assistant, on the bloom on the skin of an apricot. The sordidness is beyond pity, beyond participation; one can only resign from life, like the moon he has seen so often 'inabissata e come smarrita nella sommità dei cieli'. *Niente* is the companion piece to another story not included here, *La distruzione dell'uomo*, in which Dr Mangoni's conclusion that if life is like this one can only opt out is taken one logical step further—to murder. The theme of murder returns in *Cinci*, one of Pirandello's later stories, a most delicate exploration into the zone of unconscious motivations. Why does Cinci kill the other boy? Simply in a moment of instinctive anger, by accident? But where does the instinctive anger come from? Does it well up from his own sense of frustration, from his being deprived of his mother's love? Is he, for a moment, the little lizard caught in the snare? Is his adolescent 'smania . . . di fare qualche cosa' directed into an area of violence because other outlets are taboo? Why do we do anything? Is this the ultimate question Pirandello is posing in this fable of adolescent frustration? Whatever answers we may supply, to these and other questions, we shall sense here, perhaps more than in any other story, that quality of 'pitiless pity' which is rooted in Pirandello's sense of the utter arbitrariness of human existence. *La casa dell'agonia*, like *La tartaruga*, is a story with an American setting, one of the last Pirandello wrote. Does the setting matter? Probably no more than the Sicilian setting of *La giara* or the Roman setting of *Marsina stretta*: the

Pirandellian game can be played anywhere, its puppets are not bound to their nationality. If Cinci acted from some motive that lay below the level of his consciousness, are the external events that influence our lives equally irrational? Is life a casual conspiracy of which we are the victims? The combination of cat, birds' nest, window ledge is infinitely repeatable: we are all candidates for the flower pot on the head. Usually we play this sort of game in reverse—'If only she had come five minutes earlier . . .' 'If only the door hadn't been open . . .'. Pirandello cuts out the 'if only's'—things happen as they do happen because the chain of causality is iron-strong and quite arbitrary. Of course we can invoke pity for those caught in the chain, we can plead compassion, but if life is like this has pity any relevance? It seems proper to end with yet another disquieting question.

HISTORICAL NOTE

To 'place' Pirandello the short-story writer in literary historical terms is something of an embarrassment. One can name influences—classical ones from Dante to Foscolo; one can see him against the currents of his own time, particularly that of naturalism (*verismo*), but always with the feeling that these things don't greatly matter. One has to force oneself to remember that when Italy entered the first world war in 1915 Pirandello was not far off fifty and that his roots were firmly in the nineteenth century, for it is often more natural to compare him with later writers and writers of other countries (Sartre, Ionesco, etc) than with those of his own country and his own time.

His beginnings as a prose writer can be seen in terms of Italian *verismo* and particularly in relation to his fellow Sicilian *veristi*, Luigi Capuana and Giovanni Verga. It was Capuana who encouraged him to try prose rather than poetry and it was from Capuana perhaps that he derived something of the clinical approach, the investigation of life as a series of 'casi'. Links with Verga are both more persuasive and more difficult to define. To speak of a common Sicilian quality is to state a shared origin and background rather than to suggest an influence. Both men possessed a tragic sense of life, both saw the individual as isolated, as an exile. In Verga there are over-tones of elegy, of a noble and stoic sadness, and this was a note that Pirandello could occasionally strike, as he too could find value and genuineness in humble people rather than in their betters. But the bitter world of Verga's second novel, *Mastro Don Gesualdo*, is certainly closer to him than the resigned sad-ness of *I Malavoglia*. It may be thought that Pirandello's main debt to *verismo* lies in the firm placing of his stories in the reality of his time: whatever metaphysical questions he may ask, they have their starting point in a physical and social reality, anchored in time and place. Pirandello is not a sym-bolist writer.

One is similarly uneasy about placing him in terms of the Italian short story tradition. Walter Starkie suggests that the conciseness of the short story form is peculiarly suited to the Italian temperament, and he may well be right. One can certainly find echoes of Boccaccio (of the *beffa* theme, for instance) in Pirandello, and indeed of the whole *novella* tradition, as one can jump forward in time and trace Piran-dellian motifs in the two most prolific contemporary exponents of the short story, Moravia and Buzzati. Yet, having said this, one is conscious that in terms of influence a non-literary source such as Alfred Binet's *Les Altérations de la person-nalité* or that of the philosopher Bergson may well be more important.

All these elements, and others, had their part in the making of Pirandello, but none of them is determining. What *was* determining was his apprehension of life as chaos and his expression of this in terms of the society of which he was a part. His is the voice of that crisis of values which began in Europe in the last decades of the nineteenth century and through which we are still living. It is still a disturbingly persuasive voice.

BIOGRAPHICAL NOTE

Luigi Pirandello was born near Girgenti (now called Agrigento), in Sicily, on 28 June 1867. He was the son of Stefano,
who had served with Garibaldi, and of Caterina. Although
there were occasional lean periods, the family was a prosperous
one, his father having commercial interests in the sulphur
trade. Stefano Pirandello—a strong, authoritarian character—
wanted his son to have a commercial education, but Luigi was
able, with the aid of a little deception, to transfer to the
classical high school, completing his studies in Palermo, where
the family had moved for a period. After leaving high school,
Luigi worked for three months in the sulphur business at
Porto Empedocle (the port of Girgenti); he had already,
initially against his father's wishes, become engaged to his
cousin Lina. He returned to Palermo to begin university
studies, but in 1887 transferred to Rome; ostensibly the purpose was to work more efficiently towards the law degree that
would put him in a position to be able to marry Lina. In fact
Pirandello enrolled for letters—adolescent love was already
cooling. He was not to stay long in Rome on this occasion.
After a public quarrel with the professor of Latin, he enrolled,
on the advice of the philologist Ernesto Monaci, at the German
University of Bonn and gained his doctorate there in 1891 with
a thesis on the dialect of Girgenti. In Bonn he also had an
affair with a German girl, Jenny Schulz-Lander—not the
first indication that his engagement to Lina might not lead to
marriage. Indeed, on his return to Sicily after graduating, he
did not have much difficulty in persuading his father to help
him break off the engagement. In 1893, free from ties, he
returned to Rome, with a monthly allowance from his father
and the intention of launching himself upon the career of a
writer.

That career had already begun. His first book of poetry,
Mal giocondo, had been published in 1889 and was followed
by further poems, *Pasqua di Gea* (1891), dedicated to his
German love, Jenny. Now the literary world of Rome offered

him the sort of stimulation he needed. Of the two main literary currents of the day Pirandello found naturalism the more congenial; the sensuous rhetoric of D'Annunzio was alien to his temperament. It was in fact the verist novelist and fellow Sicilian, Luigi Capuana, who encouraged him to turn his attention to prose writing and was assiduous in helping him achieve recognition. During the 1890's, although his success with the public remained very modest, Pirandello was active in the three main fields of his literary production. He had published numerous short stories in various magazines, although a first collection, *Amori senza amore* (1894), attracted little notice. He had written, though not yet published, two novels, and also a play, *La morsa*. The play was offered in vain to various companies; the last rejection so enraged Pirandello that he was on the point of fighting a duel with the actor-manager responsible for the refusal to stage it. It was to be many years before he again wrote for the theatre.

In 1894 Pirandello married Antonietta Portulano, the daughter of his father's business partner. The suggestion of the match came from his father; obviously there were business interests involved, but Luigi showed no signs of opposition. After marriage his love for his wife, who was in no way his intellectual equal, grew, and three children were born. The income from Antonietta's dowry was added to the monthly allowance and a further source of income was his appointment, in 1897, to a teaching post at the *Magistero*, an institution for the training of teachers. His first two novels, *L'esclusa* and *Il turno*, were published in 1901 and 1902 respectively and further volumes of short stories appeared. In short, his personal life was proceeding tranquilly and his writing was gaining recognition. The year 1903, however, brought disaster. Pirandello's father had invested both his own money and Antonietta's dowry in a sulphur mine which was flooded, resulting in the loss of all the capital. Antonietta was at home alone when the news came; Pirandello returned to find her on the bed, semi-paralysed. Jewellery had to be pawned and Pirandello threw himself into feverish literary work to maintain himself and his family. The frequent occurrence of the motif of arbitrary fate in his writing may well have its origin here. In these conditions, writing at night while his wife lay unable to use her legs, he composed the most significant of his novels, *Il fu Mattia Pascal* (1904), in which the specifically Pirandellian theme of the relativity of reality, particularly of the reality of the human personality, finds its first full expression. The book is an introspective transformation of his own situation at that time, presented with that bitter humour that he was to theorise a few years later in the essay on *Umorismo* (1908). Antonietta's paralysis was the first sign of a more insidious mental breakdown. She became progressively more and more jealous, convinced (quite without justification) that her husband was a monster of infidelity and cruelty; it was a form of paranoia that was eventually to lead, in 1919, to her being shut in a nursing home. But for all those years, including the difficult period of the first world war, Pirandello lived beside her, constantly aware that, alongside the person he knew himself to be, there existed another Luigi Pirandello, the image, conceived with the peculiar consistency of madness, that existed of him in his wife's mind. There are frequent reflections of this situation in his writing.

He continued, through these years, to write stories—the period 1910–15 was particularly rich in them—and three further novels were published, but 1915 saw the real beginning of his writing for the theatre. He had produced before then three one-act plays, and an early full-length piece, under the new title of *Se non così*, was put on in Milan in 1915. But it was the encouragement of the Sicilian dialect actor Angelo Musco, and the success of the plays Pirandello wrote for him, that led him to persevere. With *Così è (se vi pare)* of 1917 Pirandello left Sicilian settings to produce his first play firmly based on the questioning of the nature of reality and reached a conclusion of absolute scepticism. From this time on, the theatre occupied him more and more; the short stories he wrote were few and only one further novel, *Uno, nessuno e centomila* (1925), was to follow. It was *Sei personaggi in cerca d'autore*

(1921)—although the first night in Rome saw the theatre reduced, physically, to a battlefield—and *Enrico IV* (1922) which established him as a major writer for the theatre, not only in Italy but perhaps even more in other European countries and America.

In 192₃ an enterprise particularly dear to Pirandello's heart came to fulfilment, the first representation (it was one of his own plays, *La sagra del Signore della Nave*) of his Teatro d'Arte, his attempt to establish a national theatrical company. Money had been supplied by a group of interested people, and the government also helped. Members of the royal family and Mussolini were present at the first night in Rome. The company stayed together until 1928 although financial difficulties were constant. As leading lady Pirandello engaged a young actress, Marta Abba, and a warm personal relationship grew between them; in several of his later plays the leading female role is clearly written for her. The company travelled widely in Europe: Pirandello had added to his profession of playwright that of theatrical producer.

We noted the Fascist government's support of the Teatro d'Arte enterprise. Pirandello had become a member of the Fascist Party and accepted honours from the government. As to many Italians of his generation and class, Fascism appealed to his patriotic instincts, seeming to be aimed at a strengthening of Italian prestige. Yet privately he despised Mussolini ('È un uomo volgare', he is reported to have remarked) and it will be immediately clear that the whole tone of his work, with its deep-grained introspective pessimism, could not be further removed from the bombastic, rhetorical note of official Fascist writing. Perhaps one can best comment that Pirandello was, by nature, a non-political animal.

He went on writing plays until the end of his life. In the last years there was, too, something of a return to short story writing. After 1928 the Pirandellian moment in the theatre seemed to have passed, at least in Italy, where his later plays did not, on the whole, maintain the success of the earlier ones. He spent a good deal of his last years abroad, to some extent disillusioned with his native country, which, he felt, had not given him proper recognition. It was in this period also that he became involved with the cinema (there had been contacts much earlier, reflected in his novel *Si gira* of 1915). He collaborated in the production of film versions of some of his plays; this took him to Hollywood and resulted in the film *As you desire me* (based on *Come tu mi vuoi*) with Greta Garbo in the leading role. A plan to make a film of *Sei personaggi* in collaboration with Max Reinhardt eventually came to nothing. In 1934 he received the Nobel Prize for Literature. In his old age he had become more and more detached from life (some of the later stories reflect this), but in the days immediately before his death he was still working at his last play, *I giganti della montagna*. He died in 1936. He left a note with his last wishes. There was to be no ceremony. His body was to be wrapped, naked, in a sheet and to be taken away by a hearse, quite alone. He asked to be cremated and for his ashes to be scattered. One might think that the great pricker of illusions was consistent in refusing the last illusion—that of 'una bella morte'.

SELECTIVE BIBLIOGRAPHY

WORKS OF PIRANDELLO

Opere di Luigi Pirandello in the series *I Classici Contemporanei Italiani*, Milan, Mondadori: the most definitive edition to date, arranged as follows:

Short stories	*Novelle per un anno*	Vols. I and II (1956–57)
Novels	*Romanzi*	Vol. III (1957)
Plays	*Maschere nude*	Vols. IV and V (1958)
Essays and poetry	*Saggi, poesie e scritti vari*	Vol. VI (1960)

The stories, novels and plays are also available in the *Biblioteca Moderna Mondadori*.

See also the bibliography in *Luigi Pirandello: Three Plays*, ed. Felicity Firth, Manchester University Press, 1969; and, particularly for the stories, *Luigi Pirandello: Short Stories*, selected, translated and introduced by F. May, London, Oxford University Press, 1965, in which F. May, following but adding to the fundamental work by M. Lo Vecchio-Musti (see below), includes a list of the stories in chronological order, a list of English translations and an analysis of the relationship between the stories and the plays.

The short stories were usually first published in periodicals and newspapers and later collected in book form. The two volumes cited above are based on the earlier collected edition, *Novelle per un anno*, of 1937–38. Pirandello was still working on the revision and rearrangement of his stories when he died. The title reveals his intention to write a story for each day of the year—an intention he never fulfilled.

The stories in this anthology are printed in chronological order; probable dates of composition and details of first publication in periodical, newspaper or volume are indicated at the beginning of the notes to each story.

BIBLIOGRAPHY

M. Lo Vecchio-Musti, *Bibliografia di Pirandello*, Milan, Mondadori, two vols., 1937–40, second edition, 1952. The latest revision of this bibliography is now in vol. VI, *Saggi, poesie e scritti vari*, of the *Classici Contemporanei* edition, *cit.*, pp. 1251–1346).

A. Barbina, *Bibliografia della critica pirandelliana, 1889–1961*, Firenze, Le Monnier, 1967.

F. Rauhut, *Der junge Pirandello*, Munich, Beck, 1964. Supplements Lo Vecchio-Musti with lists of published letters and interviews; also contains a useful list of criticism on Pirandello.

BIOGRAPHY

F. V. Nardelli, *Vita segreta di Pirandello*, Rome, Vito Vianco, 1962. (Earlier editions under the title of *L'uomo segreto: vita e croci di Luigi Pirandello*, 1932, 1944.)

G. Giudice, *Luigi Pirandello*, Turin, U.T.E.T., 1963.

CRITICISM
SOME RECOMMENDATIONS

Most writers deal with Pirandello's work as a whole or, understandably, concentrate chiefly on his writing for the theatre.

The most recent edition is given, with dates of earlier editions in brackets.

In English

O. Büdel, *Pirandello*, London, Bowes & Bowes, 1966.

G. Cambon, *Pirandello: a Collection of Critical Essays*, Englewood Cliffs, N.J., Prentice-Hall, 1967.

F. Firth, 'Introduction' to *Three Plays, cit.*

F. May, 'Introduction' to *Luigi Pirandello: Short Stories, cit.*

O. Ragusa, *Luigi Pirandello*, New York, Columbia University Press, 1968.

W. Starkie, *Luigi Pirandello*, Berkeley and Los Angeles, University of California Press, 1965 (1926, 1937).

D. Vittorini, *The Drama of Luigi Pirandello*, New York, Dover Publications, 1957 (1935).

In Italian

C. Alvaro, 'Prefazione' to vol. i, *Novelle per un anno*, Milan, Mondadori, 1956.

G. B. Angioletti, *Pirandello, narratore e drammaturgo*, Turin, R.A.I., 1958.

L. Baccolo, *Luigi Pirandello*, Turin, Bocca, 1949 (1938).

A. Borlenghi, *Pirandello o dell'ambiguità*, Padua, R.A.D.A.R., 1968.

U. Cantoro, *Luigi Pirandello e il problema della personalità*, Bologna, Gallo, 1954 (1939).

A. L. de Castris, *Storia di Pirandello*, Bari, Laterza, 1966 (1962).

L. Ferrante, *Pirandello*, Florence, Parenti, 1958.

G. Giacalone, *Pirandello*, Brescia, La Scuola Editrice, 1960.

A. Janner, *Luigi Pirandello*, Florence, La Nuova Italia, 1964 (1948).

G. Petronio, *Pirandello novelliere e la crisi del realismo*, Lucca, Lucentia, 1950.

F. Puglisi, *Pirandello e la sua lingua*, Bologna, Capelli, 1968 (1962).

L. Sciascia, *Pirandello e la Sicilia*, Caltanissetta and Rome, Sciascia, 1961.

B. Terracini, 'Le *Novelle per un anno* di Luigi Pirandello', in *Analisi stilistica*, Milan, Feltrinelli, 1966.

N. Zoia, *Luigi Pirandello*, Brescia, Morcelliana, 1948.

Atti del Congresso Internazionale di studi pirandelliani, Florence, Le Monnier, 1967.

SELECTED BIBLIOGRAPHY

NOVELLE PER UN ANNO

LA MAESTRINA BOCCARMÈ

Come, passando per un giardino e allungando distrattamente una mano, si bruca un tenero virgulto e se ne sparpagliano in aria le poche foglioline, l'unico fiore; cosí, passando attraverso la vita di Mirina Boccarmè, allora nel suo fiore, un uomo ne aveva fatto scempio per un vano capriccio momentaneo. Fuggita dalla città, se n'era andata in un paesello di mare del Mezzogiorno a far la maestrina.[1]

Erano passati ormai tant'anni.

Appena terminata la scuola del pomeriggio, la maestrina Boccarmè soleva recarsi alla passeggiata del Molo, e là, seduta sulla spalletta della banchina, si distraeva guardando con gli altri oziosi le navi ormeggiate: tre alberi e brigantini, tartane e golette, ciascuna col suo nome a poppa: « L'Angiolina », « Colomba », « Fratelli Noghera », « Annunziatella », e il nome del porto d'iscrizione:[2] Napoli, Castellammare di Stabia, Genova, Livorno, Amalfi: nomi, per lei che non conosceva nessuna di queste città marinare; ma che a vederli scritti lí sulla poppa di quelle navi, diventavano ai suoi occhi cose vicine, presenti, d'un lontano ignoto che la faceva sospirare. E ora, ecco, arrivavano le paranze, una dopo l'altra, con le vele che garrivano allegre, doppiando la punta del Molo; ciascuna aveva già pronte e scelte in coperta le ceste della pesca, colme d'alga ancora viva. Tanti accorrevano allo scalo per comperare il pesce fresco per la cena; lei restava a guardar le navi, a interessarsi alla vita di bordo, per quel che ne poteva immaginare a guardarla cosí da fuori.[3]

S'era abituata al cattivo odore che esalava dal grassume di quell'acqua chiusa, sulla cui ombra vitrea, tra nave e nave, si moveva appena qualche tremulo riflesso. Godeva nel vedere i marinai di quelle navi al sicuro, adesso, là nel porto, senza pensare che a loro forse non pareva l'ora di ritornare a qualche altro porto. E sollevando con gli occhi tutta l'anima a guardare nell'ultima luce la punta degli alti alberi, i pennoni, il sartiame, provava in sé, con una gioja ebbra di freschezza e uno sgomento quasi di vertigine, l'ansia del tanto, tanto cielo, e tanto mare che quelle navi avevano corso, partendo da chi sa quali terre lontane.

Cosí fantasticando, talvolta, illusa dall'ombra che si teneva come sospesa in una lieve bruma illividita sul mare ancora chiaro, non s'accorgeva che a terra intanto, là sul Molo, s'era fatto bujo e che già tutti gli altri se n'erano andati, lasciandola sola a sentire piú forte il cattivo odore dell'acqua nera sulla spiaggia, che alla calata del sole s'incrudiva.

La lanterna verde del Molo s'era già accesa in cima alla tozza torretta bianca; ma faceva da vicino un lume cosí debole e vano, che pareva quasi impossibile si dovesse poi veder[4] tanto vivo da lontano. Chi sa perché, guardandolo, la maestrina Boccarmè avvertiva una pena d'indefinito scoramento; e ritornava triste a casa.

Spesso però, la mattina dopo, nell'alba silenziosa, mentre qualche nave con tutte le vele spiegate che non riuscivano a pigliar vento salpava lentamente dal Molo rimorchiata da un vaporino, piú d'un marinajo uscito a respirare per l'ultima volta la pace del porto che lasciava, del paesello ancora addormentato, s'era portata con sé un tratto[5] l'immagine d'una povera donnina vestita di nero che, in quell'ora insolita, dal Molo deserto aveva assistito alla triste e lenta partenza.

Perché piaceva anche, alla maestrina Boccarmè, intenerirsi cosí, amaramente, allo spettacolo di quelle navi che all'alba lasciavano il porto, e s'indugiava lí a sognare con gli occhi alle vele che a mano a mano si gonfiavano al vento e si portavano via quei naviganti, lontano, sempre piú lontano nella luminosa vastità del cielo e del mare, in cui a tratti gli alberi scintillavano come d'argento; finché la campana della scuola non la richiamava al dovere quotidiano.

Quando le scuole erano chiuse per le vacanze estive, la maestrina Boccarmè non sapeva che farsi[6] della sua libertà. Avrebbe potuto viaggiare, coi risparmi di tanti anni; le bastava sognare cosí, guardando le navi ormeggiate nel Molo o in partenza.

Quell'estate, era accorsa molta gente al paesello per la stagione balneare. Una folla che non si camminava,[7] nella passeggiata del Molo. Sfarzo di luce dei magnifici tramonti meridionali, gai abiti di velo, ombrellini di seta, cappellini di paglia. Signorone mai viste! E le brave donnine del paese, tutte a bocca aperta e con tanto d'occhi ad ammirare.[8] Solo la maestrina Boccarmè, niente: come se nulla fosse stato.[9] Lí, sulla spalletta della banchina, seguitava a guardare i marinai che in qualche nave facevano il lavaggio della coperta, gettandosi allegramente l'acqua dei buglioli addosso, tra salti e corse pazze e gridi e risate.

Se non che, un giorno:[10]

— Mirina!

— Lucilla!

— Tu qua? Sto a guardarti da mezz'ora: « è lei? non è lei? ». Mirina mia, come mai?

E quella signorina, tra lo stupore rispettoso delle brave donnine del paese, abbracciò baciò ribaciò la maestrina Boccarmè con la maggiore effusione d'affetto che la soffocante strettura del busto le permise.

La maestrina Boccarmè, cosí colta all'improvviso, aprí appena appena le mani gracili e pallide a un gesto sconsolato e disse:

— È ormai tanto tempo!

L'angustia d'una rassegnazione, forse neanche piú avvertita, le si disegnò, cosí dicendo, a gli angoli degli occhi, appena contrasse la pelle del viso per accompagnare quel gesto delle mani con uno squallido sorriso.

— Tu, piuttosto, come mai qui? — soggiunse, quasi volesse, stornando da sé il discorso, stornare anche dalla sua persona tanto mutata, poveramente vestita, la crudele curiosità dell'amica.

E ci riuscí. Solo una sorpresa come quella di ritrovare dopo tant'anni e in quello stato un'antica compagna di collegio, poteva distrarre da sé per un momento la bella signora Valpieri. Richiamata ai suoi casi,[11] non ebbe piú né occhi né un pensiero per l'amica.

— Ah, se sapessi!

E indugiandosi in tanti inutili particolari, senza pensare che Mirina, ignorando luoghi, non conoscendo persone, non avrebbe potuto interessarsene né punto né poco, narrò la sua storia.

Storia dolorosissima, diceva; e sarà stata.[12] Certo i guizzi di luce delle molte gemme che le adornavano le dita toglievano efficacia ai gesti con cui voleva rappresentare le terribili ambasce per le difficoltà nelle quali il marito l'aveva lasciata.

La maestrina Boccarmè, vedendosi guardata con considerazione[13] dalle signore del paese per l'intimità che le dimostrava quella bella signora forestiera, voleva quasi quasi dare a credere a sé stessa che realmente quell'intimità tra lei e la Valpieri ci fosse, pur ricordando bene che, nel collegio, non c'era mai stata, e che anzi lei, di umili natali ed entrata in quel collegio gratuitamente, piú che per la freddezza sdegnosa delle compagne ricche aveva crudelmente sofferto per gli astii biliosi di questa Valpieri, la quale, appartenendo a una nobile famiglia decaduta, non aveva saputo tollerare in cuor suo di vedersi da quelle trattata male e messa a pari con lei.

Ora la Valpieri parlava, parlava, senz'alcun sospetto dell'impressione che gli occhi attenti d'una povera donnina provinciale ricevevano da certe curiose scoperte sul suo viso o nei suoi modi.

— E vedi? Quest'anno qui! — concluse. — Mi son dovuta contentare di venire per i bagni[14] qui! Me li prescrivono i medici e non posso farne a meno. Figúrati se ci sarei venuta, altrimenti! Ah che gente! Che paese, Mirina mia! Come fai a starci? E che colonia estiva! Non c'è uomini;[15] tutte donne; tutte rispettabili madri di famiglia! Dio, Dio, mi sento mancare il fiato![16] Fortuna che ho trovato te! Ho preso in affitto due, non so come chiamarli, antri, tane, dove provo ribrezzo a mettere i piedi. Le annaffio tutti i giorni con l'acqua d'odore.[17] Mi rovino. E tu che fai qui? Dove abiti? Mi fai veder la tua casa?

— La mia casa? — fece con un sorriso impacciato la maestrina Boccarme. — Eh, io non ne ho. La casa della scuola. Un anditino, una cameretta (sí, bella ariosa) e una cucinetta, che mi ci posso appena rigirare.[18]

— Me la farai vedere — ripeté l'altra, come se non avesse

inteso. — Ah, già! perché tu fai qua la maestra. Già! Non me lo ricordavo piú. Maestra elementare, è vero?

— Sono la direttrice, veramente. Ma insegno anche.

— Sí? Hai tanta pazienza?

— Bisogna averne.

— Oh brava, dunque ne avrai un po' anche per me. Ah, io non ti lascio piú, mia cara. Sarai l'ancora di salvezza di questa povera naufraga.

Si fermò un momento in mezzo alla via e aggiunse scotendo in aria le belle mani inanellate:

— Naufraga davvero, sai! Su, su, non pensiamo a malinconie, adesso. Andiamo a casa tua. Quante cose ho da dirti delle nostre compagne di collegio! Ah, ne sentirai di belle![19] Ma avrai anche tu certamente tante cose da raccontarmi.

— Io? — esclamò la maestrina Boccarmè. — E che vuoi che abbia da raccontarti io?

Avvezza ormai da tant'anni a vivere tutta chiusa in sé, appena una qualche domanda accennava di volerle entrar dentro,[20] la sviava con una risposta evasiva. Pervenuta all'edificio della scuola, disse:

— Ecco, se vuoi entrare...

— Ah, — fece quella, alzando il capo a guardare la tabella sul portoncino. — Stai proprio dentro la scuola?

— Sí; e per entrare in camera mia, vedrai che si deve attraversare una classe: la IV.

— Ah, per questa son brava ancora, forse?[21]

Ed entrando in quella classe, che maraviglie! Guarda! guarda! Le panche allineate, la cattedra, la lavagna, le carte geografiche alle pareti; e quel tanfo particolare della scuola! Volle sedere su una di quelle panche, e, poggiando i gomiti, con la testa tra le mani, sospirò:

— Se sapessi che impressione mi fa!

Varcata poi la soglia della cameretta di Mirina, altre maraviglie! Si mise a batter le mani: che nido di pace! beata solitudine! E, indicando il lettino di ferro, pulitino, con la sua brava coperta a « crocè » fatta in casa e il trasparente e la balza celeste, di mussolina rasata:

— Chi sa che sogni vi fai! Dolci, puri!

Ma disse che lei avrebbe pure avuto una gran paura a dormir sola in una cameretta cosí, con tutte quelle stanze vuote di là, delle classi.

— Ti chiuderai a chíave, m'immagino!

A un tratto, allungando il collo per vedere con l'ajuto dell'occhialetto un ritrattino ingiallito, appeso alla parete, e notando che l'amica, improvvisamente accesa in volto, stava ritta davanti alla scrivania come se volesse appunto nascondere quel ritratto, sorrise e la minacciò col dito furbescamente:

— Ah, mariolina! Anche tu? Lasciamelo vedere.

La scostò dolcemente, ma subito, intravedendo quel ritratto, cacciò un grido. La maestrina Boccarmè si voltò di scatto, impallidendo, e tutt'e due per un istante si guardarono odiosamente negli occhi.

— Mio cugino. Lo conosci?

— Giorgio Novi, tuo cugino?

E la Valpieri si nascose la faccia tra le mani.

— Lo conosci? — insistette la maestrina Boccarmè, con quell'istinto aggressivo, quasi ridicolo, delle bestioline innocue.

Ma la Valpieri, scoprendo la faccia ora tutta alterata, senza neppur curarsi di risponderle, cominciò a smaniare, torcendosi le mani:

— Ah Dio mio, Dio mio! È cosí! Di', ne hai notizie, tu?

— Che vuoi dire?

— È cosí; senza dubbio! Ho ragione, credi, d'essere superstiziosa. Ma perché lo tieni lí, tu, quel vecchio ritratto? Lo hai amato, di' la verità? Eh, lo vedo, poverina. Fu forse tuo fidanzato?

— Sí, — rispose la maestrina Boccarmè, con un filo di voce.

— E lo tieni ancora lí? — insistette crudelmente l'altra. — Ma ringrazia Dio, figliuola mia, d'essertene liberata!

Si premette forte le tempie con le mani, strizzando gli occhi e gemendo: — Dio, Dio, Dio! Anche qui in effigie mi perseguita!

— Ma egli ha moglie, figliuoli — disse quasi trasecolata, la maestrina Boccarmè.

La Valpieri la guardò con un'aria di commiserazione derisoria:

— Già, per te, c'è la moglie. E tu glielo fai cosí, solitariamente, con quel ritrattino, il tradimento, ho capito! Ma io te ne parlo appunto perché c'è la moglie, e non vorrei essere incolpata domani piú di quanto mi merito.

— Tu? da chi?

— Ma da voialtri! Non è tuo parente? Ti prego di credere che non si è rovinato per me, come vanno dicendo. È una calunnia.

— Rovinato?

— Ma sí, ma sí: negozi andati a male, spese pazze! Non per me, sta' bene attenta! Io fui tratta in inganno, vigliaccamente. E ora, se egli ha commesso, come temo, qualche pazzia, guarda, me ne lavo le mani, me ne lavo le mani!

— Ah, dunque tu?

— Fui tratta in inganno, ti dico; e ora per giunta mi si calunnia. Viltà sopra viltà. Eppure, vedi che ti dico, gli avrei perdonato, se non mi perseguitasse da quattro mesi come un canaccio arrabbiato. Che vuole da me? Lo compatisco: è impazzito; allo sbaraglio. Ma sono rimasta anch'io Dio sa come, e proprio non posso, non posso venirgli in ajuto. Dio volesse, ci fosse qualcuno che volesse ajutar me!

La maestrina Boccarmè si sentiva soffocare, tra lo stupore e l'angoscia che quelle notizie le cagionavano e il ribrezzo che le incuteva quella svergognata, la quale, senz'alcun ritegno, aveva osato accostarsi a lei davanti a tutti, là sul Molo, e qua, ora, penetrare nella sua intimità per insudiciarle quell'antico verecondo segreto, ch'era stato lo strazio della sua giovinezza ed era adesso, nel ricordo, il conforto e quasi l'orgoglio unico della sua vita.

La Valpieri intanto, interpretando lo sdegno che spirava dagli occhi di lei, non per sé, ma per il Novi, rincarò la dose delle ingiurie contro l'assente, seguitando a dipingersi come una vittima. Disse che il Novi, forse, avrebbe potuto ancora salvarsi, se fosse riuscito a trovare la cauzione che bisognava versare per un modesto impiego: poco: dodici o quindici mila lire. Ma dove trovarle?

— S'ammazzerà, me l'ha scritto! Ora puoi figurarti perché

m'ha fatto tanta impressione la vista là del suo ritratto. Oh, lo
dà a tutte, sai, codesto vecchio ritratto. L'ha dato anche a me.
Altrimenti, non l'avrei certo riconosciuto. Non ha piú capelli,
puoi immaginarti! Ma pensa, pensa intanto alla sua disgraziata
famiglia!

— La famiglia? — proruppe a questo punto la maestrina
Boccarmè, tutt'accesa di sdegno. — Avresti dovuto pensarci
prima, mi sembra!

— M'accusi anche tu? E non t'ho detto che egli...

— Sí; ma dopo? Quando sapesti che aveva moglie, figliuoli?

— Eh, troppo tardi, carina! — esclamò la Valpieri, con un
gesto sguajato. — Vedo che tu ti riscaldi. Troppo tardi.
Capisco che voialtri... Oh Dio, se avessi potuto sospettare che
tu... È curioso che il Novi, mai una parola di te, sai? E io sono
proprio venuta a cacciarmi...

S'interruppe: guardò la maestrina Boccarmè e scoppiò in
una stridula risata.

— Vàttene! — le gridò allora la maestrina, fremente, indi-
candole l'uscio.

— Eh no, via, — fece la Valpieri, ricomponendosi. — Mi
scacci davvero?

— Sí! Vàttene! Vàttene! — ripeté la maestrina Boccarmè,
pestando un piede, già con le lagrime a gli occhi. — Non posso
piú vederti in casa mia!

— Me ne vado, me ne vado da me, — disse la Valpieri
alzandosi senza fretta. — Si calmi, si calmi, signora Direttrice!

Prima d'infilar l'uscio si voltò e aggiunse:

— Buoni sospiri e tanti baci al ritrattino![22]

E scomparve, ripetendo la stridula risata.

La maestrina Boccarmè, appena sola, strappò quel ritrattino
dalla parete e lo scagliò con tanta rabbia sulla scrivania, che il
vetro della modesta cornicetta di rame si ruppe. Poi, andò a
buttarsi sul letto e, affondando il volto sul guanciale, si mise a
piangere.

Non tanto per l'onta, no; pianse per la miseria del suo cuore
scoperta, derisa e quasi sfregiata; pianse per vergogna di quel

che aveva fatto, di quel ritrattino che aveva appeso lí alla parete da tanti anni.

Ma non aveva avuto mai, mai un momento di bene fin dalla fanciullezza; aveva già perduto, non pur la speranza, ma perfino il desiderio d'averne nel tempo che ancora le avanzava; e allora, quasi mendicando un ricordo di vita, era ritornata ai giorni del suo maggior tormento, ai soli giorni in cui pure, per poco, aveva sentito veramente di vivere: e aveva cercato quel ritrattino, gli aveva comperato quella cornicetta da pochi soldi, e non perché lo vedessero gli altri lo aveva appeso lí alla parete, ma per sé, per sé unicamente, quasi per far vedere a sé stessa che, mentre forse tant'altre maestrine come lei dicevano senz'esser vero, d'avere avuto anch'esse in gioventú il loro romanzetto sentimentale, lei – eccolo là – lo aveva avuto davvero: c'era stato davvero – eccolo là – un uomo nella sua vita.

Come ne aveva riso quella svergognata! Era quasi niente, sí; un povero ritrattino ingiallito; uno dei soliti romanzetti, che, appunto perché soliti, non commuovono piú nessuno; come se l'esser soliti debba poi impedire di soffrirne a chi li abbia vissuti.

Inesperienza, stupidaggine, da bambina chiusa fin dall'infanzia, prima in un orfanotrofio, poi in un collegio. Ne era uscita da pochi giorni con la patente di maestra, e stava ora nell'attesa angosciosa di un posticino nelle scuole elementari di qualche paesello, privandosi di tutto per pagar la pigione di quello sgabuzzino in città e mantenersi in quell'attesa con le poche centinaja di lire vinte in un concorso di pedagogia, nell'ultimo anno di collegio. Che provvidenza per lei quel concorso! Ma che sgomento, anche, nel vedersi cosí sola e libera, lei vissuta sempre nella clausura! E s'era trovata una mattina, inaspettatamente, cosí sola lí con un giovanotto che subito s'era messo a parlarle con la massima confidenza, dandole del voi[23] e chiamandola « cara cuginetta ». E per forza, fin dalla prima volta, aveva preteso ch'ella non stesse a quel modo col mento sul petto e non tormentasse con quelle brutte unghie da scolaretta diligente le trine della manica; su, su,[24] e che lo guardasse negli occhi, cosí, come guarda chi non ha nulla da temere! Per miracolo non s'era messa a piangere, quella prima volta; e con qual fervore aveva poi pregato la Madonna che non glielo facesse piú rivedere. Ma era ritornato il giorno dopo con un involtino di paste e un mazzolino di fiori, per invitarla ad andare a casa sua: la madre voleva conoscere la nipotina, la figliuola della cara sorella morta da tanti anni. Era andata; e quella zia, squadrandola da capo a piedi, s'era mostrata dolente di non poterla accogliere in casa perché c'era Giorgio – e qui consigli di prudenza – una lunga predica, che ella, interpretando (com'era facile) il sospetto che moveva la zia a parlare, aveva ascoltato col volto avvampato dalla vergogna. Due giorni dopo, Giorgio era tornato a visitarla; e allora lei, tutta impacciata, balbettando, s'era sforzata di fargli intendere che non doveva piú venire. Ma egli aveva accolto con un sorriso la timida preghiera, e il giorno appresso, rieccolo.[25] Questa volta però gli aveva parlato seriamente: o smetteva, o si sarebbe recata a dirlo alla zia. Come prima della preghiera, aveva riso adesso della minaccia: « Andasse pure, anzi tanto meglio! Cosí avrebbe avuto il pretesto di confessare alla madre che egli la amava ». Ridendo le dicono gli uomini, queste cose, che a lei in quel punto avevano cagionato tanta angoscia e acceso nel sangue tanto fuoco! Quel giorno stesso aveva cambiato alloggio, senza lasciar traccia di sé. E ricordava le ambasce nella nuova abitazione, in quei quindici giorni che passarono prima che egli la scoprisse; l'incerto timore, forse piú di sé stessa che di lui, se il non doverlo piú rivedere le rendeva spinosa di tante smanie la solitudine. Non sapeva piú vedersi[26] in quella nuova cameretta, pur tanto piú decente della prima; si recava ogni giorno al collegio a trovare la direttrice che le aveva promesso per il prossimo autunno il posticino. E una sera, appena rientrata, aveva sentito picchiare alla porta e una voce affannata che la scongiurava d'aprire. Quanto, quanto tempo non lo aveva tenuto lí, dietro la porta, tremando di qua e scongiurandolo a sua volta d'andarsene, di lasciarla in pace, di parlar piano, per carità, che i vicini non udissero: era una pazzia, un'infamia, comprometterla a quel modo; via, via! che voleva da lei?

A un tratto, poiché egli non smetteva d'insistere e non se ne sarebbe andato, una risoluzione: s'era rimesso il cappellino, aveva aperto la porta: « Eccomi! Usciamo insieme. Vieni, vieni ». E qui tutti i ricordi s'accendevano; il cuore già intirizzito s'infocava ancora alla fiamma di quella sera, che tante lagrime versate poi non eran bastate a spegnere. Proprio tra le fiamme le era parso di camminare, sola con lui, a braccetto con lui, per le vie della città. E in mezzo al tramenío, al fragore di quelle vie, distinte le parole ch'egli le sussurrava all'orecchio, premendole il braccio col braccio. Già la chiamava sposina; e cosí sempre, a braccetto, sarebbero andati nella vita. Bisognava ora vincere l'opposizione della madre.

Ritornando verso casa, già tardi, gli aveva strappato la promessa, anzi il giuramento, che la avrebbe accompagnata soltanto fino alla porta; ma il giuramento era a prezzo d'un bacio. No! e come mai? per istrada?[27] Ma egli disse che non aveva inteso fino all'uscio di strada, ma su, fino in cima alla scala: lí il bacio; e poi, sí, l'avrebbe lasciata prima che lei aprisse la porta: lo aveva giurato. Se non che, dopo il primo bacio, mentre già sola nella cameretta, stordita e tremante di felicità, tentava di spuntarsi il cappellino, ecco di nuovo, attraverso la porta, pian piano, la voce di lui che gliene chiedeva un altro, un altro solo, un altro solo e poi basta: se ne sarebbe andato davvero. E lei, vinta alla fine, dopo aver detto tante volte di no, di no, vinta e costretta dall'imprudenza, dalla petulanza di lui, aveva riaperto la porta.

Fin qui aveva sempre ricordato la maestrina Boccarmè: tutto il bene.

Come precipitando dalla sommità d'una montagna un torrente trascina con sé le pietre che poi nei mesi asciutti ne segnano il corso, cosí lei, precipitando dalla sua felicità, ora che negli occhi le lagrime le si erano inaridite, andava da venti anni sui sassi della via che il precipizio le aveva segnata; andava, e i piedi piú non le dolevano; andava, e gli occhi stanchi della grigia aridità del greto s'erano rivolti a contemplare la sommità da cui era caduta. Il cordoglio s'era sciolto, la disperazione s'era composta in un intenso muto rimpianto del bene perduto; e questo rimpianto a poco a poco, nella squallida desolazione, era divenuto un bene per sé stesso, l'unico bene.

Dopo quella notte, egli era scomparso; ella lo aveva atteso parecchi giorni; poi s'era recata dalla madre di lui, la quale, senza volere intendere tutto il male che il figlio aveva fatto, se l'era tenuta qualche tempo con sé; venuta la nomina di maestra la aveva avviata al suo destino.

Vent'anni! Quante navi aveva veduto arrivare nel vecchio molo di quel paesello; quante ne aveva vedute ripartire!

Vestita sempre di nero, dolce, paziente e affettuosa con le bambine della scuola, non solo per il ricordo di quanto aveva sofferto a causa della durezza di certe insegnanti, ma anche perché, femminucce,[28] le considerava destinate piú a soffrire che a godere; con quella combinazione della casa nella stessa scuola, se n'era vissuta appartata da tutti, compensandosi in segreto, con l'immaginazione e con le letture, di tutte le angustie e le mortificazioni che la timidezza le aveva fatto patire. E a poco a poco aveva preso gusto sempre piú a un certo amaro senso della vita che la inteneriva fino alle lagrime talvolta per cose da nulla: se una farfalletta, per esempio, le entrava in camera, di sera, mentre stava a correggere i compiti di scuola, e, dopo aver girato un pezzo attorno al lume, veniva là, sul tavolinetto sotto la finestra, davanti al quale lei stava seduta, a posarlesi lieve lieve sulla mano, come se la notte gliel'avesse mandata per darle un po' di compagnia.

Tra poco avrebbe avuto quarant'anni; e forse sí, il viso le si era un po' sciupato; ma l'anima no; per questo bisogno che aveva di fantasticare in silenzio, di vedere come avvolta nel lontano azzurro d'una favola, lei piccola piccola, tra tutto quel cielo e quel mare, la propria vita.

Guai se non lo avesse sentito piú questo bisogno! Tutte le cose, dentro e attorno, avrebbero perduto ogni senso per lei e ogni valore; e meglio morire allora!

S'alzò dal letto. S'era tutta spettinata,[29] e aveva gli occhi rossi e gonfi dal pianto. S'appressò all'unico specchio della cameretta, lí in un angolo, a bilico nel modestissimo lavabo di ferro smaltato. Si lavò gli occhi, che le bruciavano: prese il pettine per rifarsi i capelli.

Negli anni del collegio, per modestia, ma anche perché le compagne ricche non dicessero che volesse darsi arie da « signorina » per far dimenticare d'esservi stata accolta per carità, aveva tenuto sempre i capelli come all'orfanotrofio, tutti tirati indietro, lisci lisci, senza un nastro, senza un fiocco e annodati stretti alla nuca. E cosí la aveva vista lui, la prima volta, appena uscita di collegio; e che beffe![30] come per « le brutte unghie da scolaretta diligente ». Gliel'aveva poi insegnata lui quella pettinatura che, dopo tant'anni, ella usava ancora; una pettinatura un po' goffa, passata da tanto tempo di moda.

Si sciolse i capelli, senza toccare la scriminatura in mezzo, e lasciò cader le due bande in cui li teneva divisi; prese per la punta prima l'una e poi l'altra banda e con lievi colpettini di pettine in su cominciò ad aggrovigliolarsele per modo che ai due lati della fronte, sulle tempie e fin sugli orecchi, le si gonfiassero boffici e ricce. Sí: cosí pettinati, i suoi capelli parevano tanti; certo peró incorniciavano male il viso smagrito, già un po' troppo affossato nelle guance; ma cosí erano piaciuti a lui, e non avrebbe saputo pettinarseli altrimenti.

Con quegli occhi ancora gonfi dal pianto e senza quel brio di luce che spesso glieli rendeva arguti e vivaci, si vide come finora non s'era veduta mai; con un infinito avvilimento di pena per quell'immagine con cui per tanto tempo s'era ostinata a rappresentarsi a sé stessa. S'accorse che per gli altri non era, non poteva piú essere cosí. E come, allora? Si smarrí; e nuove lagrime, piú brucianti delle prime, le sgorgarono dagli occhi. No! no! Doveva essere ancora cosí! Ancora, passando per le viuzze alte del paesello, popolate d'innumerevoli bambini strillanti, nudi o con la sola camicina sudicia e sbrendolata addosso, ancora voleva esser guardata con amorosa ammirazione da tutte quelle umili mamme delle sue scolarette, che sedevano lí davanti alle porte delle loro casupole e la invitavano, cedendo subito la seggiola, a sedere un po' con loro.

— Oh, guarda! La signora Direttrice!

— Venga qua! Segga qua, signora Direttrice!

Volevano sapere come facesse a incantare le loro bambine
con certi discorsi ch'esse non sapevano riferire, ma che dovevano esser belli, sulle api, sulle formichette, sui fiori: cose che
non parevano vere. E lei, a quelle loro maraviglie, sorrideva
e rispondeva che lei stessa non avrebbe piú saputo ripetere
ciò che aveva potuto dire in iscuola per un caso imprevisto,
d'un'ape entrata in classe, d'un geranio che improvvisamente
s'era acceso nel sole sul davanzale della finestra.

Povera lí, tra povere, aveva in sé questa ricchezza che godeva
di darsi alle care animucce delle sue scolarette (« figlioline
mie » come le chiamava); questa facoltà di commuoversi di
tutto, di riconoscere in un sentimento suo, vivo, la gioja
d'una fogliolina nuova che si moveva all'aria la prima volta, la
tristezza della sua cucinetta quando, dopo cena, s'era spenta,
e a veder lo squallore della cenere rimasta[31] nei fornelli, ogni
sera le sembrava che si fosse spenta per sempre; quel senso
di nuovo, per cui, se un uccellino cantava, sapeva sí che quel-
l'uccellino ripeteva il verso di tutti gli altri della sua famiglia,
ma sentiva ch'esso era uno, lui, di cui udiva il verso per la
prima volta, formato lí, ora, su quella fronda d'albero o su
quella gronda di tetto, per una cosa d'ora, nuova nella vita di
quell'uccellino.

S'era salvata cosí dalla disperazione.

E ancora, purtroppo, allorché i suoi doveri di maestra erano
compiuti, e finite per la giornata le altre cose da fare, se per un
momento la stanchezza la vinceva e vedeva d'un tratto pre-
cipitar nel vuoto la sua vita, ancora non era riuscita a liberarsi
da certe torbide smanie che l'assalivano e le oscuravano lo
spirito; ed erano pensieri cattivi, e sogni anche piú cattivi, la
notte. Aver potuto scoprire in sé, nei silenzii[32] infiniti della sua
anima, un brulichío cosí vivo di sentimenti, non come una
ricchezza propriamente sua, ma del mondo come ella lo
avrebbe dato a godere a una creaturina sua;[33] ed esser rimasta
nell'angoscia di quella solitudine, cosí staccata per sempre da
ogni vita!

S'accorse che s'era fatto bujo nella cameretta e si recò ad

accendere il lumetto bianco a petrolio sulla scrivania. Vide il ritrattino scagliato lí sopra con tanta rabbia, e le parve che non lei col suo atto violento avesse rotto il vetro della cornicetta, ma la stridula risata di quella donnaccia. Sentí che non poteva ora raccattare quel ritrattino e che non avrebbe potuto piú riappenderlo alla parete, se prima non risarciva in qualche modo la sua anima dal morso velenoso di quella vipera, dallo sfregio vile di quella risata. Perché lei non era come una che, pur d'ottenere qualcosa, si riceva ingiurie e offese e provi anzi piú vivo nell'umiliazione il godimento della cosa ottenuta. Lei non voleva ottener nulla; lei era nata per dare.

Fissò gli occhi, improvvisamente accesi, e stette un po' come in ascolto. Bisognavano a lui dodici o quindici mila lire, da versare a cauzione d'un modesto impiego: glielo aveva detto colei.[34] Un brivido alla schiena. Raccolse le mani e, figgendosi la punta delle dita tra gli occhi e le sopracciglia, stette un pezzo cosí. Poi, sedendo in fretta davanti alla scrivania, cavò di tasca la chiave del cassetto; lo aprí, ne trasse il suo vecchio libretto della Cassa di Risparmio[35] per vedere esattamente quanto avesse messo da parte in tanti anni per la sua vecchiaja, pur sapendo bene che non ammontava a quella cifra. Erano difatti poco piú di dieci mila lire. Ma a potere intanto disporre di quelle dieci...[36]

Provò subito il bisogno di dire a sé stessa che non lo faceva per lui, per averne in ricambio qualche cosa. Non voleva niente, lei, piú niente: non che la gratitudine di lui, ma neppure il ricordo niente![37] E pensò dapprima di mandar quel denaro senza fargli sapere che glielo mandava lei. Ma poi per fortuna rifletté che con la presenza di quell'altra in paese, lui, certo ormai senza piú memoria di lei, avrebbe potuto supporre che il soccorso gli veniva da quella, a prezzo di chi sa quale vergogna.

No, no: ad evitare che cadesse in un cosí sciagurato equivoco, bisognava purtroppo ch'ella gli scrivesse e gli dicesse che appunto per la presenza della Valpieri nel paese aveva potuto sapere del bisogno di lui; e che gli mandava quel denaro perché lei non avrebbe saputo che farsene, prima di tutto, e poi perché le era caro far rivivere cosí in sé, per sé sola, il ricordo – non di lui, non di lui! – ma di tutto il male e di tutto il bene che le era venuto un giorno da lui. Cosí, ecco. Era la verità.

E cosí, richiamato a questo prezzo dal tempo lontano che lo aveva ingiallito, ravvivato dal sangue di questa nuova ferita, ella avrebbe potuto ora riappendere alla parete il vecchio ritrattino; per sé, unicamente per sé, per sentire ancora, dentro di sé, piú che mai soffuso dell'antica malinconia, il lontano azzurro della sua povera favola segreta, e poter seguitare a guardare con lo stesso animo quel cielo, quel mare, le navi che arrivavano nel vecchio Molo o ne ripartivano all'alba, lente, nel luminoso tremolío di quelle acque distese fino a perdita d'occhio.

Sí, ma se non era l'antico amore a farle da fermento dal piú profondo dell'anima, perché ora quella specie d'ebbrezza che le gonfiava il petto, e quello struggimento che voleva traboccarle in nuove lagrime; non piú brucianti, queste?

Per fortuna lo specchio era là nell'angolo, e la maestrina Boccarmè non vide come s'appuntiva sgraziatamente sulla sua povera bocca appassita quel vezzo che sogliono fare i bambini prima che si buttino a piangere; e il mento, come le tremava.

MARSINA STRETTA

Di solito il professor Gori aveva molta pazienza con la vecchia domestica, che lo serviva da circa vent'anni. Quel giorno però, per la prima volta in vita sua, gli toccava d'indossar la marsina, ed era fuori della grazia di Dio.[1]

Già il solo pensiero, che una cosa di cosí poco conto potesse mettere in orgasmo un animo come il suo, alieno da tutte le frivolezze e oppresso da tante gravi cure intellettuali, bastava a irritarlo. L'irritazione poi gli cresceva, considerando che con questo suo animo, potesse prestarsi a indossar quell'abito prescritto da una sciocca consuetudine per certe rappresentazioni di gala con cui la vita s'illude d'offrire a sé stessa una festa o un divertimento.

E poi, Dio mio, con quel corpaccio d'ippopòtamo, di bestiaccia antidiluviana...

E sbuffava, il professore, e fulminava con gli occhi la domestica che, piccola e bòffice come una balla, si beava alla vista del grosso padrone in quell'insolito abito di parata, senz'avvertire, la sciagurata, che mortificazione dovevano averne tutt'intorno i vecchi e onesti mobili volgari e i poveri libri nella stanzetta quasi buja e in disordine.

Quella marsina, s'intende, non l'aveva di suo,[2] il professor Gori. La prendeva a nolo. Il commesso d'un negozio vicino glien'aveva portate su in casa una bracciata, per la scelta; e ora, con l'aria d'un compitissimo *arbiter elegantiarum*,[3] tenendo gli occhi semichiusi e sulle labbra un sorrisetto di compiacente superiorità, lo esaminava, lo faceva voltare di qua e di là – *Pardon! Pardon!*[4]–, e quindi concludeva, scotendo il ciuffo:

— Non va.

Il professore sbuffava ancora una volta e s'asciugava il sudore.

Ne aveva provate otto, nove, non sapeva piú quante. Una piú stretta dell'altra. E quel colletto in cui si sentiva impiccato! e quello sparato che gli strabuzzava, già tutto sgualcito, dal panciotto! e quella cravattina bianca inamidata e pendente, a cui ancora doveva fare il nodo, e non sapeva come!

Alla fine il commesso si compiacque di dire:

— Ecco, questa sí. Non potremmo trovar di meglio, creda pure, signore.

Il professor Gori tornò prima a fulminare con uno sguardo la serva, per impedire che ripetesse: — *Dipinta! Dipinta!*[5] —; poi si guardò la marsina, in considerazione della quale, senza dubbio, quel commesso gli dava del signore:[6] poi si rivolse al commesso:

— Non ne ha piú altre con sé?

— Ne ho portate su dodici, signore!

— Questa sarebbe la dodicesima?

— La dodicesima, a servirla.[7]

— E allora va benone!

Era piú stretta delle altre. Quel giovanotto, un po' risentito, concesse:

— Strettina è, ma può andare.[8] Se volesse aver la bontà di guardarsi allo specchio...

— Grazie tante! — squittí il professore. — Basta lo spettacolo che sto offrendo a lei e alla mia signora serva.[9]

Quegli,[10] allora, pieno di dignità, inchinò appena il capo, e via, con le altre undici marsine.

— Ma è credibile? — proruppe con un gemito rabbioso il professore, provandosi ad alzar le braccia.

Si recò a guardare un profumato biglietto d'invito sul cassettone, e sbuffò di nuovo. Il convegno era per le otto, in casa della sposa, in via Milano. Venti minuti di cammino! Ed erano già le sette e un quarto.

Rientrò nella stanzetta la vecchia serva che aveva accompagnato fino alla porta il commesso.

— Zitta! — le impose subito il professore. — Provate, se vi riesce, a finir di strozzarmi con questa cravatta.

— Piano piano... il colletto... — gli raccomandò la vecchia serva. E dopo essersi forbite ben bene con un fazzoletto le mani tremicchianti, s'accinse all'impresa.

Regnò per cinque minuti il silenzio: il professore e tutta

la stanza intorno parvero sospesi, come in attesa del giudizio universale.

— Fatto?

— Eh... — sospirò quella.

Il professor Gori scattò in piedi, urlando:

— Lasciate! Mi proverò io! Non ne posso piú![11]

Ma, appena si presentò allo specchio, diede in tali escandescenze, che quella poverina si spaventò. Si fece, prima di tutto, un goffo inchino; ma, nell'inchinarsi, vedendo le due falde aprirsi e subito richiudersi, si rivoltò come un gatto che si senta qualcosa legata alla coda; e, nel rivoltarsi, *trac!*, la marsina gli si spaccò sotto un'ascella.

Diventò furibondo.

— Scucita! scucita soltanto! — lo rassicurò subito, accorrendo, la vecchia serva. — Se la cavi, gliela ricucio![12]

— Ma se non ho piú tempo! — urlò, esasperato, il professore. — Andrò cosí, per castigo! Cosí... Vuol dire che **non** porgerò la mano a nessuno. Lasciatemi andare.

S'annodò furiosamente la cravatta; nascose sotto il pastrano la vergogna di quell'abito; e via.

Alla fin fine, perô, doveva esser contento, che diamine![13] Si celebrava quella mattina il matrimonio d'una sua antica allieva, a lui carissima: Cesara Reis, la quale, per suo mezzo,[14] con quelle nozze, otteneva il premio di tanti sacrifizi durati negli interminabili anni di scuola.

Il professor Gori, via facendo,[15] si mise a pensare alla strana combinazione per cui quel matrimonio s'effettuava. Sí; ma come si chiamava intanto lo sposo, quel ricco signore vedovo che un giorno gli s'era presentato all'Istituto di Magistero[16] per avere indicata da lui una istitutrice per le sue bambine?

— Grimi? Griti? No, Mitri! Ah, ecco, sí: Mitri, Mitri.

Cosí era nato quel matrimonio. La Reis, povera figliuola, rimasta orfana a quindici anni, aveva eroicamente provveduto al mantenimento suo e della vecchia madre, lavorando un po' da sarta, un po' dando lezioni particolari:[17] ed era riuscita a conseguire il diploma di professoressa. Egli, ammirato di tanta costanza, di tanta forza d'animo, pregando, brigando, aveva potuto procacciarle un posto a Roma, nelle scuole complementari.[18] Richiesto da quel signor Griti...

— Griti, Griti, ecco! Si chiama Griti. Che Mitri! — gli aveva indicato la Reis. Dopo alcuni giorni se l'era veduto tornar davanti afflitto, imbarazzato. Cesara Reis non aveva voluto accettare il posto d'istitutrice, in considerazione della sua età, del suo stato,[19] della vecchia mamma che non poteva lasciar sola e, soprattutto, del facile malignare della gente. E chi sa con qual voce, con quale espressione gli aveva dette queste cose, la birichina!

Bella figliuola, la Reis: e di quella bellezza che a lui piaceva maggiormente: d'una bellezza a cui i diuturni dolori[20] (non per nulla il Gori era professore d'italiano: diceva proprio così « *i diuturni dolori* ») d'una bellezza a cui i diuturni dolori avevano dato la grazia d'una soavissima mestizia, una cara e dolce nobiltà.

Certo quel signor Grimi...

— Ho gran paura che si chiami proprio Grimi, ora che ci penso!

Certo quel signor Grimi, fin dal primo vederla, se n'era perdutamente innamorato. Cose che càpitano, pare.[21] E tre o quattro volte, quantunque senza speranza, era tornato a insistere, invano; alla fine, aveva pregato lui, il professor Gori, lo aveva anzi scongiurato d'interporsi, perché la signorina Reis, così bella, così modesta, così virtuosa, se non l'istitutrice diventasse la seconda madre delle sue bambine. E perché no? S'era interposto, felicissimo, il professor Gori, e la Reis aveva accettato: e ora il matrimonio si celebrava, a dispetto dei parenti del signor... Grimi o Griti o Mitri, che vi si erano opposti accanitamente:

— E che il diavolo se li porti via tutti quanti! — concluse, sbuffando ancora una volta, il grosso professore.

Conveniva intanto recare alla sposa un mazzolino di fiori. Ella lo aveva tanto pregato perché le facesse da testimonio,[22] ma il professore le aveva fatto notare che, in qualità di testimonio, avrebbe dovuto poi farle un regalo degno della cospicua condizione dello sposo, e non poteva: in coscienza non poteva.

Bastava il sacrifizio della marsina. Ma un mazzolino, intanto, sí, ecco. E il professor Gori entrò con molta titubanza e impacciatissimo in un negozio di fiori, dove gli misero insieme un gran fascio di verdura con pochissimi fiori e molta spesa.

Pervenuto in via Milano, vide in fondo, davanti al portone in cui abitava la Reis, una frotta di curiosi. Suppose che fosse tardi; che già nell'atrio ci fossero le carrozze per il corteo nuziale, e che tutta questa gente stesse lí per assistere alla sfilata. Avanzò il passo. Ma perché tutti quei curiosi lo guardavano a quel modo? La marsina era nascosta dal soprabito. Forse... le falde? Si guardò dietro. No: non si vedevano. E dunque? Che era accaduto? Perché il portone era socchiuso?

Il portinajo, con aria compunta, gli domandò:

— Va su per il matrimonio, il signore?

— Sí, signore. Invitato.

— Ma... sa, il matrimonio non si fa piú.

— Come?

— La povera signora... la madre...

— Morta? — esclamò il Gori, stupefatto, guardando il portone.

— Questa notte, improvvisamente.

Il professore restò lí, come un ceppo.[23]

— Possibile! La madre? La signora Reis?

E volse in giro uno sguardo ai radunati, come per leggere ne' loro occhi la conferma dell'incredibile notizia. Il mazzo di fiori gli cadde di mano. Si chinò per raccattarlo, ma sentí la scucitura della marsina allargarsi sotto l'ascella, e rimase a metà. Oh Dio! la marsina... già! La marsina per le nozze, castigata cosí a comparire ora davanti alla morte. Che fare? Andar su, parato a quel modo? tornare indietro? – Raccattò il mazzo, poi, imbalordito, lo porse al portinajo.

— Mi faccia il piacere, me lo tenga lei.

Ed entrò. Si provò a salire a balzi la scala; vi riuscí per la prima branca soltanto. All'ultimo piano – maledetto pancione! – non tirava piú fiato.

Introdotto nel salottino, sorprese in coloro che vi stavano radunati un certo imbarazzo, una confusione subito repressa, come se qualcuno, al suo entrare, fosse scappato via; o come se d'un tratto si fosse troncata un'intima e animatissima conversazione.

Già impacciato per conto suo, il professor Gori si fermò poco oltre l'entrata; si guardò attorno perplesso; si sentí sperduto, quasi in mezzo a un campo nemico. Eran tutti signoroni,[24] quelli: parenti e amici dello sposo. Quella vecchia lí era forse la madre; quelle altre due, che parevano zitellone, forse sorelle o cugine. S'inchinò goffamente. (Oh Dio, daccapo la marsina...) E, curvo, come tirato da dentro, volse un altro sguardo attorno, quasi per accertarsi se mai qualcuno avesse avvertito il crepito di quella maledettissima scucitura sotto l'ascella. Nessuno rispose al suo saluto, quasi che il lutto, la gravità del momento non consentissero neppure un lieve cenno del capo. Alcuni (forse intimi della famiglia) stavano costernati attorno a un signore, nel quale al Gori, guardando bene, parve di riconoscere lo sposo. Trasse un respiro di sollievo e gli s'appressò, premuroso.

— Signor Grimi...

— Migri, prego.

— Ah già, Migri... ci penso da un'ora, mi creda! Dicevo Grimi, Mitri, Griti... e non m'è venuto in mente Migri! Scusi... Io sono il professor Fabio Gori, si ricorderà... quantunque ora mi veda in...

— Piacere, ma... — fece quegli, osservandolo con fredda alterigia; poi, come sovvenendosi: — Ah, Gori... già! lei sarebbe quello... sí, dico, l'autore... l'autore, se vogliamo, indiretto del matrimonio! Mio fratello m'ha raccontato...

— Come, come? scusi, lei sarebbe il fratello?

— Carlo Migri, a servirla.

— Favorirmi,[25] grazie. Somigliantissimo, perbacco! Mi scusi, signor Gri... Migri, già, ma... questo fulmine a ciel sereno... Già! Io purtroppo... cioè, purtroppo no: non ho da recarmelo a colpa diciamo... – ma, sí, indirettamente, per combinazione, diciamo, ho contribuito...[26]

Il Migri lo interruppe con un gesto della mano, e si alzò.

— Permetta che la presenti a mia madre.

— Onoratissimo, si figuri![27]

Fu condotto davanti alla vecchia signora, che ingombrava con la sua enorme pinguedine mezzo canapè, vestita di nero, con una specie di cuffia pur nera sui capelli lanosi che le contornavano la faccia piatta, giallastra, quasi di cartapecora.

— Mamma, il professor Gori. Sai? quello che aveva combinato il matrimonio di Andrea.

La vecchia signora sollevò le pàlpebre gravi sonnolente, mostrando, uno piú aperto e l'altro meno, gli occhi torbidi, ovati, quasi senza sguardo.

— In verità, — corresse il professore, inchinandosi questa volta con trepidante riguardo per la marsina scucita, — in verità, ecco... combinato no: non... non sarebbe la parola... Io, semplicemente...

— Voleva dare un'istitutrice alle mie nipotine, — compí la frase la vecchia signora, con voce cavernosa. — Benissimo! Cosí difatti sarebbe stato giusto.

— Ecco, già... — fece il professor Gori. — Conoscendo i meriti, la modestia della signorina Reis.

— Ah, ottima figliuola, nessuno lo nega! — riconobbe subito, riabbassando le pàlpebre, la vecchia signora. — E noi, creda, siamo oggi dolentissimi...

— Che sciagura! Già! Cosí di colpo! — esclamò il Gori.

— Come se non ci fosse veramente la volontà di Dio, — concluse la vecchia signora.

Il Gori la guardò.

— Fatalità crudele...

Poi, guardando in giro per il salotto, domandò:

— E il signor Andrea?

Gli rispose il fratello, simulando indifferenza:

— Ma... non so, era qui, poco fa. Sarà andato forse a prepararsi.

— Ah! — esclamò allora il Gori, rallegrandosi improvvisamente. — Le nozze dunque si faranno lo stesso?

— No! che dice mai! — scattò la vecchia signora, stupita, offesa. — Oh Signore Iddio! Con la morta in casa? Ooh!

— Oooh! — echeggiarono, miagolando, le due zitellone con orrore.

— Prepararsi per partire, — spiegò il Migri. — Doveva partire oggi stesso con la sposa per Torino. Abbiamo le nostre cartiere lassú, a Valsangone;[28] dove c'è tanto bisogno di lui.

— E... e partirà... cosí? — domandò il Gori.

— Per forza. Se non oggi, domani. L'abbiamo persuaso noi, spinto anzi, poverino. Qui, capirà, non è piú prudente, né conveniente che rimanga.

— Per la ragazza... sola, ormai... — aggiunse la madre con la voce cavernosa. — Le male lingue...

— Eh già, — riprese il fratello. — E poi gli affari... Era un matrimonio...

— Precipitato! — proruppe una delle zitellone.

— Diciamo improvvisato, — cercò d'attenuare il Migri. — Ora questa grave sciagura sopravviene fatalmente, come... sí, per dar tempo, ecco. Un differimento s'impone... per il lutto... e... E cosí si potrà pensare, riflettere da una parte e dall'altra.

Il professor Gori rimase muto per un pezzo. L'impaccio irritante che gli cagionava quel discorso, cosí tutto sospeso in prudenti reticenze, era pur quello stesso che gli cagionava la sua marsina stretta e scucita sotto l'ascella. Scucito allo stesso modo gli sembrò quel discorso e da accogliere con lo stesso riguardo per la scucitura segreta, col quale era proferito. A sforzarlo un po',[29] a non tenerlo cosí composto e sospeso, con tutti i debiti riguardi, c'era pericolo che, come la manica della marsina si sarebbe staccata, cosí anche si sarebbe aperta e denudata l'ipocrisia di tutti quei signori.

Sentí per un momento il bisogno d'astrarsi da quell'oppressione e anche dal fastidio che, nell'intontimento in cui era caduto, gli dava il merlettino bianco, che orlava il collo della casacca nera della vecchia signora. Ogni qual volta vedeva un merlettino bianco come quello, gli si riaffacciava alla memoria, chi sa perché, l'immagine d'un tal Pietro Cardella, merciaio del suo paesello lontano, afflitto da una cisti enorme alla nuca. Gli venne di sbuffare; si trattenne a tempo, e sospirò, come uno stupido:

— Eh, già... Povera figliuola!

Gli rispose un coro di commiserazioni per la sposa. Il professor Gori se ne sentí all'improvviso come sferzare, e domandò, irritatissimo:

— Dov'è? Potrei vederla?

Il Migri gl'indicò un uscio nel salottino:

— Di là, si serva...[30]

E il professor Gori vi si diresse furiosamente.

Sul lettino, bianco, rigidamente stirato, il cadavere della madre, con un'enorme cuffia in capo dalle tese inamidate.

Non vide altro, in prima, il professor Gori, entrando. In preda a quell'irritazione crescente, di cui, nello stordimento e nell'impaccio, non riusciva a rendersi esatto conto, con la testa che già gli fumava,[31] anziché commuoversene, se ne sentí irritare, come per una cosa veramente assurda: stupida e crudele soperchieria della sorte che, no, perdio, non si doveva a nessun costo lasciar passare!

Tutta quella rigidità della morta gli parve di parata, come se quella povera vecchina si fosse stesa da sé, là, su quel letto, con quella enorme cuffia inamidata per prendersi lei, a tradimento, la festa preparata per la figliuola, e quasi quasi al professor Gori venne la tentazione di gridarle:

— Su via, si alzi, mia cara vecchia signora! Non è il momento di fare scherzi di codesto genere!

Cesara Reis stava per terra, caduta sui ginocchi; e tutta aggruppata, ora, presso il lettino su cui giaceva il cadavere della madre, non piangeva piú, come sospesa in uno sbalordimento grave e vano. Tra i capelli neri, scarmigliati, aveva alcune ciocche ancora attorte dalla sera avanti in pezzetti di carta, per farsi i ricci.

Ebbene, anziché pietà, provò anche per lei quasi dispetto il professor Gori. Gli sorse prepotente il bisogno di tirarla su da terra, di scuoterla da quello sbalordimento. Non si doveva darla vinta al destino, che favoriva cosí iniquamente l'ipocrisia di tutti quei signori radunati nell'altra stanza! No, no: era tutto preparato, tutto pronto; quei signori là erano venuti in marsina come lui per le nozze: ebbene, bastava un atto di volontà in qualcuno; costringere quella povera fanciulla, caduta lí per terra, ad alzarsi; condurla, trascinarla, anche cosí mezzo sbalordita, a concludere quelle nozze per salvarla dalla rovina.

Ma stentava a sorgere in lui quell'atto di volontà, che con tanta evidenza sarebbe stato contrario alla volontà di tutti quei parenti. Come Cesara, però, senza muovere il capo, senza batter ciglio, levò appena appena una mano ad accennar a sua mamma lí distesa, dicendogli: — « Vede, professore? » — il professore ebbe uno scatto, e:

— Sí, cara, sí! — le rispose con una concitazione quasi astiosa, che stordí la sua antica allieva. — Ma tu àlzati! Non farmi calare, perché non posso calarmi! Alzati da te! Subito, via! Su, su, fammi il piacere.

Senza volerlo, forzata da quella concitazione, la giovane si scosse dal suo abbattimento e guardò, quasi sgomenta, il professore:

— Perché? — gli chiese.

— Perché, figliuola mia... ma àlzati prima! ti dico che non mi posso calare, santo Dio! — le rispose il Gori.

Cesara si alzò. Rivedendo però sul lettino il cadavere della madre, si coprí il volto con le mani e scoppiò in violenti singhiozzi. Non s'aspettava di sentirsi afferrar per le braccia e scrollare e gridare dal professore, piú che mai concitato:

— No! no! no! Non piangere, ora! Abbi pazienza, figliuola! Da' ascolto a me!

Tornò a guardarlo, quasi atterrita questa volta, col pianto arrestato negli occhi, e disse:

— Ma come vuole[32] che non pianga?

— Non devi piangere, perché non è ora di piangere, questa, per te! — tagliò corto il professore. — Tu sei rimasta sola, figliuola mia, e devi ajutarti da te! Lo capisci che devi ajutarti da te? Ora, sí, ora! Prendere tutto il tuo coraggio a due mani; stringere i denti e far quello che ti dico io!

— Che cosa, professore?

— Niente. Toglierti, prima di tutto, codesti pezzetti di carta dai capelli.

— Oh Dio, — gemette la fanciulla, sovvenendosene, e portandosi subito le mani tremanti ai capelli.

— Brava, cosí! — incalzò il professore. — Poi andar di là a indossare il tuo abitino di scuola; metterti il cappellino, e venire con me!

— Dove? che dice?

— Al Municipio, figliuola mia!

— Professore, che dice?

— Dico al Municipio, allo stato civile, e poi in chiesa![33] Perché codesto matrimonio s'ha da fare, s'ha da fare ora stesso; o tu sei rovinata! Vedi come mi sono conciato per te? In marsina! E uno dei testimoni sarò io, come volevi tu! Lascia di qua la tua povera mamma; non pensare piú a lei per un momento, non ti paja un sacrilegio! Lei stessa, la tua mamma, lo vuole! Da' ascolto a me: va' a vestirti! Io dispongo tutto di là per la cerimonia: ora stesso!

— No... no... come potrei? — gridò Cesara, ripiegandosi sul letto della madre e affondando il capo tra le braccia, disperatamente. — Impossibile, professore! Per me è finita, lo so! Egli se ne andrà, non tornerà piú, mi abbandonerà... ma io non posso... non posso...

Il Gori non cedette; si chinò per sollevarla, per strapparla da quel letto; ma come stese le braccia, pestò rabbiosamente un piede, gridando:

— Non me ne importa niente! Farò magari da testimonio[34] con una manica sola, ma questo matrimonio oggi si farà! Lo comprendi tu... – guardami negli occhi! – lo comprendi, è vero? che se ti lasci scappare questo momento, tu sei perduta? Come resti,[35] senza piú il posto, senza piú nessuno? Vuoi dar colpa a tua madre della tua rovina? Non sospirò tanto, povera donna, questo tuo matrimonio? E vuoi ora che, per causa sua, vada a monte? Che fai tu di male? Coraggio, Cesara! Ci sono qua io: lascia a me la responsabilità di quello che fai! Va', va' a vestirti, va' a vestirti, figliuola mia, senza perder tempo...

E, cosí dicendo, condusse la fanciulla fino all'uscio della sua cameretta, sorreggendola per le spalle. Poi riattraversò la camera mortuaria, ne serrò l'uscio, e rientrò come un guerriero nel salottino.

— Non è ancora venuto lo sposo?

I parenti, gl'invitati si voltarono a guardarlo, sorpresi dal tono imperioso della voce; e il Migri domandò con simulata premura:

— Si sente male la signorina?

— Si sente benone! — gli rispose il professore guardandolo con tanto d'occhi. — Anzi ho il piacere d'annunziare a lor signori che ho avuto la fortuna di persuaderla a vincersi per un momento, a soffocare in sé il cordoglio. Siamo qua tutti; tutto è pronto; basterà – mi lascino dire! – basterà che uno di loro... lei, per esempio, sarà tanto gentile — (aggiunse, rivolgendosi a uno degli invitati) — mi farà il piacere di correre con una vettura al Municipio e di prevenire l'ufficiale dello stato civile, che...

Un coro di vivaci proteste interruppe a questo punto il professore. Scandalo, stupore, orrore, indignazione!

— Mi lascino spiegare! — gridò il professor Gori, che dominava tutti con la persona. — Perché questo matrimonio non si farebbe? Per il lutto della sposa, è vero? Ora, se la sposa stessa...

— Ma io non permetterò mai, — gridò piú forte di lui, troncandogli la parola, la vecchia signora, — non permetterò mai che mio figlio...

— Faccia il suo dovere e una buona azione? — domandò, pronto, il Gori, compiendo lui la frase questa volta.

— Ma lei non stia a immischiarsi! — venne a dirgli, pallido e vibrante d'ira, il Migri in difesa della madre.

— Perdoni! M'immischio, — rimbeccò subito il Gori, — perché so che lei è un gentiluomo, caro signor Grimi...

— Migri, prego!

— Migri, Migri, e comprenderà che non è lecito né onesto sottrarsi all'estreme esigenze d'una situazione come questa. Bisogna esser piú forti della sciagura che colpisce quella povera figliuola, e salvarla! Può restar sola, cosí, senza ajuto e senz'alcuna posizione ormai? Lo dica lei! No: questo matrimonio si farà non ostante la sciagura, e non ostante... abbiano pazienza!

S'interruppe, infuriato e sbuffante: si cacciò una mano sotto la manica del soprabito; afferrò la manica della marsina e con uno strappo violento se la tirò fuori e la lanciò per aria. Risero tutti, senza volerlo, a quel razzo inatteso, di nuovo genere, mentre il professore, con un gran sospiro di liberazione seguitava:

— E non ostante questa manica che mi ha tormentato finora!

— Lei scherza! — riprese, ricomponendosi, il Migri.

— Nossignore: mi s'era scucita.

— Scherza! Codeste sono violenze.[36]

— Quelle che consiglia il caso.

— O l'interesse! Le dico che non è possibile, in queste condizioni...

Sopravvenne per fortuna lo sposo.

— No! No! Andrea, no! — gli gridarono subito parecchie voci, di qua, di là.

Ma il Gori le sopraffece, avanzandosi verso il Migri.

— Decida lei! Mi lascino dire! Si tratta di questo: ho indotto di là la signorina Reis a farsi forza: a vincersi, considerando la gravità della situazione, in cui, caro signore, lei l'ha messa e la lascerebbe. Piacendo a lei, signor Migri, si potrebbe, senz'alcuno apparato, zitti zitti, in una vettura chiusa, correre al Municipio, celebrare subito il matrimonio... Lei non vorrà, spero, negarsi. Ma dica, dica lei...

Andrea Migri, cosí soprappreso, guardò prima il Gori, poi gli altri, e infine rispose esitante:

— Ma... per me, se Cesara vuole...

— Vuole! vuole! — gridò il Gori, dominando col suo vocione le disapprovazioni degli altri. — Ecco finalmente una parola che parte dal cuore! Lei, dunque, venga, corra al Municipio, gentilissimo signore!

Prese per un braccio quell'invitato, a cui s'era rivolto la

prima volta; lo accompagnò fino alla porta. Nella saletta d'ingresso vide una gran quantità di magnifiche ceste di fiori, arrivate in dono per il matrimonio, e si fece all'uscio del salotto per chiamare lo sposo e liberarlo dai parenti inviperiti, che già l'attorniavano.

— Signor Migri, signor Migri, una preghiera! Guardi...

Quegli accorse.

— Interpretiamo il sentimento di quella poverina. Tutti questi fiori, alla morta... Mi ajuti!

Prese due ceste, e rientrò cosí nel salotto; reggendole trionfalmente, diretto alla camera mortuaria. Lo sposo lo seguiva, compunto, con altre due ceste. Fu una subitanea conversione della festa. Piú d'uno accorse alla saletta, a prendere altre ceste, e a recarle in processione.

— I fiori alla morta; benissimo; i fiori alla morta!

Poco dopo, Cesara entrò nel salotto, pallidissima, col modesto abito nero della scuola, i capelli appena ravviati, tremante dello sforzo che faceva su sé stessa per contenersi. Subito lo sposo le corse incontro, la raccolse tra le braccia, pietosamente. Tutti tacevano. Il professor Gori, con gli occhi lucenti di lagrime, pregò tre di quei signori che seguissero con lui gli sposi, per far da testimoni e s'avviarono in silenzio.

La madre, il fratello, le zitellone, gl'invitati rimasti nel salotto, ripresero subito a dar sfogo alla loro indignazione frenata per un momento, all'apparire di Cesara. Fortuna, che la povera vecchia mamma, di là, in mezzo ai fiori, non poteva piú ascoltare questa brava gente che si diceva proprio indignata per tanta irriverenza verso la morte di lei.

Ma il professor Gori, durante il tragitto, pensando a ciò che, in quel momento, certo si diceva di lui in quel salotto, rimase come intronato, e giunse al Municipio, che pareva ubriaco: tanto che, non pensando piú alla manica della marsina che s'era strappata, si tolse come gli altri il soprabito.

— Professore!

— Ah già! Perbacco! — esclamò, e se lo ricacciò di furia.

Finanche Cesara ne sorrise. Ma il Gori, che s'era in certo qual modo confortato, dicendo a sé stesso che, in fin dei conti, non sarebbe piú tornato lí tra quella gente, non poté riderne: doveva tornaci per forza, ora, per quella manica da restituíre insieme con la marsina al negoziante da cui l'aveva presa a nolo. La firma? Che firma? Ah già! sí, doveva apporre la firma come testimonio. Dove?

Sbrigata in fretta l'altra funzione in chiesa, gli sposi e i quattro testimoni rientrarono in casa.

Furono accolti con lo stesso silenzio glaciale.

Il Gori, cercando di farsi quanto piú piccolo gli fosse possibile, girò lo sguardo per il salotto e, rivolgendosi a uno degli invitati, col dito su la bocca, pregò:

— Piano piano... Mi saprebbe dire di grazia dove sia andata a finire quella tal manica della mia marsina, che buttai all'aria poc'anzi?

E ravvolgendosela, poco dopo, entro un giornale e andandosene via quatto quatto, si mise a considerare che, dopo tutto, egli doveva soltanto alla manica di quella marsina stretta la bella vittoria riportata quel giorno sul destino, perché, se quella marsina, con la manica scucita sotto l'ascella, non gli avesse suscitato tanta irritazione, egli, nella consueta ampiezza dei suoi comodi e logori abiti giornalieri, di fronte alla sciagura di quella morte improvvisa, si sarebbe abbandonato senz'altro, come un imbecille, alla commozione, a un inerte compianto della sorte infelice di quella povera fanciulla. Fuori della grazia di Dio per quella marsina stretta, aveva invece trovato, nell'irritazione, l'animo e la forza di ribellarvisi e di trionfarne.

ALLA ZAPPA!

Il vecchio Siròli da piú di un mese sembrava inebetito dalla sciagura che gli era toccata, e non riusciva piú a prender sonno. Quella notte, allo scroscio violento della pioggia, s'era finalmente riscosso e aveva detto alla moglie, insonne e oppressa come lui:

— Domani, se Dio vuole, romperemo la terra.

Ora, dall'alba, i tre figliuoli del vecchio, consunti e ingialliti dalla malaria,[1] zappavano in fila con altri due contadini giornanti.[2] A quando a quando, ora l'uno ora l'altro si rizzava sulla vita,[3] contraendo il volto per lo spasimo delle reni, e s'asciugava gli occhi col grosso fazzoletto di cotone:

— Coraggio! — gli dicevano i due giornanti. — Non è caso di morte, alla fine.

Ma quello scoteva il capo; poi si sputava su le mani terrose e incallite e si rimetteva a zappare.

Dal folto degli alberi sulla costa veniva a quando a quando come un lamento, rabbioso. Il vecchio, ancora valido, attendeva di là alla rimonda e accompagnava cosí, con quel lamento, la sua dura fatica.

La campagna, infestata nei mesi estivi dalla malaria, pareva respirasse, ora, per la pioggia abbondante della notte, che aveva fatto « calar la piena »[4] nel burrone. Si sentiva infatti, dopo tanti mesi di siccità, scorrere il Drago[5] con allegro fragore.

Da circa quarant'anni Siròli teneva a mezzadria[6] queste terre di Sant'Anna. Da molte stagioni, ormai, lui e la moglie erano riusciti a vincere il male[7] e a rendersene immuni. Se Dio voleva, col volgere degli anni, i tre figliuoli che addesso ne pativano avrebbero acquistato anch'essi l'immunità. Tre altri figliuoli però, due maschi e una femmina, ne erano morti e morta era anche la moglie del primo figliuolo, di cui restava solamente una ragazzetta di cinque anni, la quale forse non avrebbe resistito neppur lei agli assalti del male.

— Dio è il padrone, — soleva dire il vecchio, socchiudendo

gli occhi. — Se lui la vuole, se la prenda. Ci ha messo qua; qua dobbiamo patire e faticare.

Cieco fino a tal punto nella sua fede, si rassegnava costantemente a ogni piú dura avversità, accettandola come volere di Dio. Ci voleva soltanto una sciagura come quella che gli era toccata, per accasciarlo e distruggerlo cosí.[8]

Pur avendo bisogno di tante braccia[9] per la campagna, aveva voluto far dono a Dio di un figliuolo. Era il sogno di tanti contadini avere un figlio sacerdote; e lui era riuscito ad attuarlo, questo sogno, non per ambizione, ma solo per averne merito davanti a Dio. A forza di risparmii, di privazioni d'ogni sorta, aveva per tanti anni mantenuto il figlio al seminario della vicina città; poi aveva avuto la consolazione di vederlo ordinato prete e di sentire la prima messa detta da lui.

Il ricordo di quella prima messa era rimasto incancellabile nell'anima del vecchio, perché aveva proprio sentito la presenza di Dio quel giorno, nella chiesa. E gli pareva di vedere ancora il figlio, parato per la solennità con quella splendida pianeta tutta a brusche d'oro, pallido e tremante, muoversi piano piano su la predella dell'altare, davanti al tabernacolo; genuflettersi; congiungere le mani immacolate nel segno della preghiera; aprirle; poi voltarsi, con gli occhi socchiusi verso i fedeli per bisbigliare le parole di rito, e ritornare al messale sul leggío. Non gli era mai parso cosí solenne il mistero della messa. Con l'anima quasi alienata dai sensi, lo aveva seguíto e ne aveva tremato, con la gola stretta da un'angoscia dolcissima; aveva sentito accanto a sé piangere di tenerezza la moglie, la sua santa vecchia, e s'era messo a piangere anche lui, senza volerlo, irrefrenabilmente, prosternandosi fino a toccare la terra con la fonte, allo squillo della campanella, nell'istante supremo dell'elevazione.

D'allora in poi, egli, di tanto piú vecchio, e provato e sperimentato nel mondo,[10] s'era sentito quasi bambino di fronte al figlio sacerdote. Tutta la sua vita, trascorsa tra tante miserie e tante fatiche senza una macchia, che valore poteva avere davanti al candore di quel figlio cosí vicino a Dio? E s'era messo a parlare di lui come d'un santo, ad ascoltarlo a bocca aperta, beato, quand'egli veniva a trovarlo in campagna dal Collegio degli Oblati,[11] dove per l'ingegno e per lo zelo era stato nominato precettore.

Gli altri figliuoli, destinati alle fatiche della campagna, esposti lí alla morte, non avevano invidiato per nulla la sorte di quel loro fratello, s'erano anzi mostrati orgogliosi di lui, lustro della famiglia. Infermi, s'erano tante volte confortati col pensiero che c'era Giovanni che pregava per loro.

La notizia che costui s'era macchiato d'un turpe delitto su i poveri piccini affidati alle sue cure in quell'orfanotrofio, era pertanto piombata come un fulmine su la casa campestre del vecchio Siròli. La madre, dapprima, nella sua santità patriarcale, non aveva saputo neanche farsi un'idea del delitto commesso dal figliuolo: il vecchio marito aveva dovuto spiegarglielo alla meglio; e allora ella ne era rimasta sbalordita, inorridita e pur quasi incredula:

— Giovanni? Che mi dici?

Il Siròli s'era recato in città per avere notizie piú precise e con la speranza segreta che si trattasse d'una calunnia. S'era presentato a parecchi suoi conoscenti, e tutti alla sua vista, s'erano turbati, quasi per ribrezzo; gli avevano risposto duramente, a monosillabi, schivando persino di guardarlo. Aveva voluto andare anche dal Lobruno, ch'era il padrone della terra ch'egli teneva a mezzadria. Il Lobruno, uomo intrigante, consigliere comunale,[12] amico di tutti, del vescovo e del prefetto,[13] lo aveva accolto malamente, su le furie:

— Ben vi sta![14] ben vi sta! Sacerdote, eh? Da zappaterra[15] a sacerdote. Siete contento, ora? Ecco i frutti della vostra smania di salire a ogni costo, senza la preparazione, senza l'educazione necessaria!

Poi s'era calmato, e aveva promesso che avrebbe fatto di tutto perché lo scandalo fosse soffocato.

— Per il decoro dell'umanità, intendiamoci! per il rispetto che dobbiamo tutti alla santa religione, intendiamoci! Non per quel pezzo di majale,[16] né per voi!

E il povero vecchio se n'era ritornato in campagna come un cane bastonato; certo ormai che il delitto del figliuolo era vero; che Giovanni, l'infame, era fuggito, sparito dalla città, per sottrarsi al furore popolare: e che lui ormai, sotto il peso di tanta ignominia, non avrebbe avuto più pace né il coraggio di alzare gli occhi in faccia a nessuno.

Ora, inerpicato su gli alberi, attendeva alla rimonda. Nessuno lí lo vedeva e, lavorando, poteva piangere. Non aveva più versato una lagrima, da quel giorno. Considerava la propria vita intemerata, quella della sua vecchia compagna, e non sapeva farsi capace come mai un tal mostro fosse potuto nascere da loro, come mai si fosse potuto ingannare per tanti anni, fino a crederlo un santo. E s'era inteso di farne un dono a Dio! e per lui, per lui aveva sacrificato gli altri figliuoli, buoni, mansueti, divoti; gli altri figliuoli che ora zappavano di là, poveri innocenti, non ben rimessi ancora dalle ultime febbri. Ah, Dio, cosí laidamente offeso da colui, non avrebbe mai, mai perdonato. La maledizione di Dio sarebbe stata sempre su la sua casa. La giustizia degli uomini si sarebbe impadronita di quel miserabile, scovandolo alla fine dal nascondiglio ov'era andato a cacciare la sua vergogna; e lui e la moglie sarebbero morti dall'onta di saperlo in galera.

A un tratto, al vecchio, assorto in queste amare riflessioni, giunse la voce d'uno dei figliuoli: di Càrmine, ch'era il maggiore:

— O pa'![17] Venite![18] È arrivato!

Il Siròli ebbe un sussulto, s'aggrappò al ramo dell'albero su cui si teneva in equilibrio e si mise a tremar tutto! Giovanni? Arrivato? E che voleva da lui? E come aveva potuto rimetter piede nella casa di suo padre? alzar gli occhi in faccia alla madre?

— Va'! — gridò in risposta, furente, squassando il ramo dell'albero, — corri a dirgli che se ne vada, subito! Non lo voglio in casa, non lo voglio!

Càrmine guardò negli occhi gli altri fratelli per prender consiglio, poi si mosse verso la casa campestre, facendo segno alla nipotina orfana, che aveva recato tutta esultante la notizia dell'arrivo dello zio prete, di precederlo.

Nella corte, Càrmine trovò un campiere[19] del Lobruno

seduto sul murello accanto alla porta. Evidentemente il prete
era arrivato con lui.

— Tuo padre? — domandò il campiere a Càrmine, sollevando il capo e un virgulto che teneva in mano e col quale,
aspettando, era stato a percuotere un piccolo sterpo cresciuto
lí tra i ciottoli della corte.

— Non vuol vederlo, — rispose Càrmine, — né lo vuole in
casa. Sono venuto a dirglielo.

— Aspetta, — riprese il campiere. — Torna prima da tuo
padre e digli che ho da parlargli a nome del padrone. Va'!

Càrmine aprí le braccia e tornò indietro. Il campiere allora
chiamò a sé la piccina che guardava con tanto d'occhi, non
sapendo che pensare di tutto quel mistero, come mai non
fosse festa per tutti l'arrivo dello zio prete; se la prese tra le
gambe e borbottò con un tristo[20] sorriso sotto i baffi:

— Tu sta' qua, carina, non entrare. Sei piccina anche tu, e...
non si sa mai!

Poco dopo Càrmine ritornò, seguíto dai due fratelli.

— Adesso viene, — annunziò al campiere; ed entrò coi
fratelli nell'ampia stanza terrena, umida e affumicata.

In un lato, era la mangiatoja per le bestie: un asino vi tritava
pazientemente la sua razione di paglia. Nel lato opposto, era
un gran letto, dai trespoli di ferro non bene in equilibrio su
l'acciottolato della stanza in pendío: vi si buttavano a dormire
i tre fratelli, non mai tutti insieme, giacché ora l'uno ora
l'altro passava la notte all'aperto, di guardia. Il resto della
stanza era ingombro d'attrezzi rurali. Una scaletta di legno
conduceva alla camera a solajo, dove dormivano i due vecchi e
l'orfana.

Giovanni, seduto sulle tavole del letto, stava col busto
ripiegato sulle materasse abballinate e con la testa affondata
tra le braccia. La vecchia madre teneva gli occhi fissi su lui
e piangeva, piangeva senza fine, in silenzio, come se tutto il
cuore, tutta la vita che le restava volesse sciogliere e disfare in
quelle lagrime.

Sentendo entrar gente, il prete alzò il capo e lanciò un'occhiata bieca, poi raffondò la testa tra le braccia. I tre fratelli

gl'intravidero cosí il volto cangiato, pallido e la barba ispidamente cresciuta: lo mirarono un pezzo con un senso di ribrezzo e di pietà insieme, gli videro la tonaca qua e là strappata; poi, abbassando gli occhi, notarono che gli mancava la fibbia d'argento a una scarpa.

La vecchia madre, vedendo gli altri tre figliuoli, ruppe in singhiozzi e si coprí il volto con le mani.

— Ma',[21] zitta, ma'! — le disse Càrmine, con voce grossa; e sedette su la cassapanca presso il letto, insieme con gli altri fratelli, in attesa del padre, taciturni.

Avevano tutt'e tre la faccia gialla, tutt'e tre con le berrette a calza, nere, ripiegate indietro sul capo, e tutt'e tre, sedendo in fila, avevano preso lo stresso atteggiamento.

Finalmente, il vecchio comparve nella corte, curvo, con le mani dietro le reni, guardando a terra. Portava in capo anche lui una berretta simile a quella dei figliuoli, ma inverdita e sforacchiata. Aveva i capelli cresciuti e la barba non piú rifatta da un mese.

— Siròli, allegro![22] — esclamò il campiere del Lobruno, scostando la bambina e alzandosi per venire incontro al vecchio. — Allegro, vi dico! Tutto accomodato.

Il vecchio Siròli fisse gli occhi, ancora vivi e come induriti nello spasimo, negli occhi del campiere, senza dir nulla, come se non avesse inteso o compreso.

Quegli allora, ch'era un omaccione gagliardo, dal torace enorme, dal volto sanguigno, gli posò una mano su la spalla con aria di protezione, spavalda e un po' canzonatoria, e ripeté:

— Tutto accomodato: sanato,[23] sanato, sarebbe meglio dire! — E rise sguajatamente; poi, riprendendosi: — Quando si ha la fortuna d'aver padroni che ci vogliono bene per la nostra devozione e per la nostra onestà, certe... sciocchezzole,[24] via, si riparano. Cose da piccini, in fin dci conti, mi spiego? Senza conseguenze. Io però non ho voluto che questa innocente entrasse là: ho fatto bene?

Il vecchio si contenne: fremeva.

— Che avete da dirmi, insomma? — gli domandò.

Il campiere gli tolse la mano dalla spalla, se la recò insieme con l'altra dietro la schiena, sporse il torace, alzò il capo per guardare il vecchio dall'alto e sbuffò:

— Eccomi qua. Il padrone, prima di tutto per rispetto all'abito che indossa indegnamente vostro figlio, poi anche per carità di voi, tanto ha fatto, tanto ha detto, che è riuscito a indurre i parenti di quei poveri piccini, a desistere dalla querela già spôrta.[25] La perizia medica risulta... favorevole. Ora vostro figlio partirà per Acireale.[26]

Il vecchio Siròli, che aveva ascoltato fin qui guardando in terra, levò il capo:

— Per Acireale?

— Gnorsí.[27] Il nostro vescovo s'è messo d'accordo col vescovo di là.

— D'accordo? — domandò nuovamente il vecchio. — D'accordo, su che?

— Su... su la frittata,[28] perdio, non capite? — esclamò quegli spazientito. — Chiudono gli occhi, insomma, e non se ne parla piú.

Il vecchio strinse le pugna, impallidí, mormorò:

— Questo fa il vescovo?

— Questo e piú, — rispose il campiere. — Vostro figlio starà un anno o due ad Acireale, in espiazione, finché qua non si parlerà piú del fatto. Poi ritornerà e riavrà la messa,[29] non dubitate.

— Lui! — gridò allora il Siròli, accennando con la mano verso casa. — Lui, toccare ancora con quelle mani sporcate l'ostia consacrata?

Il campiere scosse allegramente le spalle.

— Se Monsignore[30] perdona...

— Monsignore; ma io no! — rispose pronto il vecchio, indignato, percotendosi il petto cavo con la mano deforme, spalmata.[31] — Venite a vedere!

Entrò nella stanza terrena, corse al letto su cui il prete stava buttato nella stessa positura, lo afferrò per un braccio e lo tirò su con uno strappo violento:

— Va' su, porco! Spògliati!

Il prete, in mezzo alla stanza, con la tonaca tutta rabbuffata su le terga,[32] i fusoli delle gambe scoperti, si nascose il volto tra le braccia alzate. I tre fratelli e la madre, rimasti seduti, guardavano costernati ora Giovanni, ora il padre, che non avevano mai visto cosí. Il campiere assisteva alla scena dalla soglia.

— Va' su e spògliati! — ripeté il vecchio.

E, cosí dicendo, lo cacciò a spintoni su per la scaletta di legno. Poi si voltò alla moglie che singhiozzava forte e le impose di star zitta. La vecchia, d'un tratto, soffocò i singhiozzi chinando piú volte il capo in segno d'obbedienza. Era la prima volta, quella, che il marito le parlava cosí, a voce alta.

Il campiere, dalla soglia, urtato, scrollò le spalle, e borbottò:

— Ma perché, vecchio stolido, se tutto è accomodato?

— Voi, silenzio! — gridò il vecchio, movendogli incontro.

— Andrete a riferire a Monsignore.

Salí lentamente la scaletta di legno. Giovanni, lassú, s'era tolta la tonaca ed era rimasto in maniche di camicia, col panciotto e i calzoni corti, seduto presso il letto del padre. Subito si nascose il volto con le mani.

Il vecchio stette a guardarlo un tratto; poi gli ordinò:

— Stràppati cotesta fibbia dalla scarpa!

Quello si chinò per obbedire. Il padre allora gli s'appressò, gli vide la calotta ancora in capo, gliela strappò insieme con un ciuffetto di capelli. Giovanni balzò in piedi, inferocito. Ma il vecchio, alzando terribilmente una mano, gl'indicò la scala:

— Giú! Aspetta. Lí c'è una zappa. E ti faccio grazia, perché neanche di questo saresti piú degno. Zappano i tuoi fratelli e tu non puoi stare accanto a loro. Anche la tua fatica sarà maledetta da Dio!

Rimasto solo, prese la tonaca, la spazzolò, la ripiegò diligentemente, la baciò; raccattò da terra la fibbia d'argento e la baciò; la calotta e la baciò; poi si recò ad aprire una vecchia e lunga cassapanca d'abete che pareva una bara, dov'erano religiosamente conservati gli abiti dei tre figliuoli morti, e, facendovi su con la mano il segno della croce, vi conservò anche questi altri, del figlio sacerdote – morto.

Richiuse la cassapanca, vi si pose a sedere, nascose il volto tra le mani, e scoppiò in un pianto dirotto.[33]

L'ERESIA CATARA

Bernardino Lamis, professore ordinario[1] di storia delle religioni, socchiudendo gli occhi addogliati e, come soleva nelle piú gravi occasioni, prendendosi il capo inteschiato tra le gracili mani tremolanti che pareva avessero in punta, invece delle unghie, cinque rosee conchigliette lucenti, annunziò ai due soli alunni che seguivano con pertinace fedeltà il suo corso:

— Diremo, o signori, nella ventura lezione, dell'eresia catara.[2]

Uno de' due studenti, il Ciotta – bruno ciociaretto di Guarcino,[3] tozzo e solido – digrignò i denti con fiera gioja e si diede una violenta fregatina alle mani. L'altro, il pallido Vannícoli, dai biondi capelli irti come fili di stoppia e dall'aria spirante, appuntí invece le labbra, rese piú dolente che mai lo sguardo dei chiari occhi languidi e stette col naso come in punto a annusar qualche odore sgradevole, per significare che era compreso della pena che al venerato maestro doveva certo costare la trattazione di quel tema, dopo quanto glien'aveva detto privatamente. (Perché il Vannícoli credeva che il professor Lamis quand'egli e il Ciotta, finita la lezione, lo accompagnavano per un lungo tratto di via verso casa, si rivolgesse unicamente a lui, solo capace d'intenderlo.)

E di fatti il Vannícoli sapeva che da circa sei mesi era uscita in Germania (Halle a. S.)[4] una mastodontica monografia di Hans von Grobler su l'*Eresia Catara*, messa dalla critica ai sette cieli,[5] e che su lo stesso argomento, tre anni prima, Bernardino Lamis aveva scritto due poderosi volumi, di cui il von Grobler mostrava di non aver tenuto conto, se non solo una volta, e di passata, citando que' due volumi, in una breve nota; per dirne male.

Bernardino Lamis n'era rimasto ferito proprio nel cuore; e piú s'era addolorato e indignato della critica italiana che, elogiando anch'essa a occhi chiusi il libro tedesco, non aveva minimamente ricordato i due volumi anteriori di lui, né speso una parola per rilevare l'indegno trattamento usato dallo scrittore tedesco a uno scrittor paesano.[6] Piú di due mesi aveva aspettato che qualcuno, almeno tra i suoi antichi scolari, si fosse mosso a difenderlo; poi, tuttoché – secondo il suo modo di vedere – non gli fosse parso ben fatto,[7] s'era difeso da sé, notando in una lunga e minuziosa rassegna, condita di fine ironia, tutti gli errori piú o meno grossolani in cui il von Grobler era caduto, tutte le parti che costui s'era appropriate della sua opera senza farne menzione, e aveva infine raffermato con nuovi e inoppugnabili argomenti le proprie opinioni contro quelle discordanti dello storico tedesco.

Questa sua difesa però, per la troppa lunghezza e per lo scarso interesse che avrebbe potuto destare nella maggioranza dei lettori, era stata rifiutata da due riviste; una terza se la teneva da piú d'un mese, e chi sa quanto tempo ancora se la sarebbe tenuta, a giudicare dalla risposta punto garbata[8] che il Lamis, a una sua sollecitazione, aveva ricevuto dal direttore.

Sicché dunque davvero Bernardino Lamis aveva ragione, uscito dall'Università, di sfogarsi quel giorno amaramente coi due suoi fedeli giovani che lo accompagnavano al solito verso casa. E parlava loro della spudorata ciarlataneria che dal campo della politica era passata a sgambettare in quello della letteratura, prima, e ora, purtroppo, anche nei sacri e inviolabili dominii della scienza;[9] parlava della servilità vigliacca radicata profondamente nell'indole del popolo italiano, per cui è gemma preziosa qualunque cosa venga d'oltralpe o d'oltremare e pietra falsa e vile tutto ciò che si produce da noi;[10] accennava infine a gli argomenti piú forti contro il suo avversario, da svolgere nella ventura lezione. E il Ciotta, pregustando il piacere che gli sarebbe venuto dall'estro ironico e bilioso del professore, tornava a fregarsi le mani, mentre il Vannícoli, afflitto, sospirava.

A un certo punto il professor Lamis tacque e prese un'aria astratta: segno, questo, per i due scolari, che il professore voleva esser lasciato solo.

Ogni volta, dopo la lezione, si faceva una giratina per sollievo giú per la piazza del Pantheon,[11] poi su per quella della

Minerva, attraversava Via dei Cestari e sboccava sul Corso Vittorio Emanuele. Giunto in prossimità di Piazza San Pantaleo, prendeva quell'aria astratta, perché solito – prima di imboccare la Via del Governo Vecchio, ove abitava – d'entrare (furtivamente, secondo la sua intenzione) in una pasticceria, donde poco dopo usciva con un cartoccio in mano.

I due scolari sapevano che il professor Lamis non aveva da fare neppur le spese a un grillo,[12] e non si potevano perciò capacitare della compera di quel cartoccio misterioso, tre volte la settimana.

Spinto dalla curiosità, il Ciotta era finanche entrato un giorno nella pasticceria a domandare che cosa il professore vi comperasse.

— Amaretti, schiumette e bocche di dama.[13]

E per chi serviranno?

Il Vannícoli diceva per i nipotini. Ma il Ciotta avrebbe messo le mani sul fuoco[14] che servivano proprio per lui, per il professore stesso; perché una volta lo aveva sorpreso per via nel mentre che si cacciava una mano in tasca per trarne fuori una di quelle schiumette e doveva già averne un'altra in bocca, di sicuro, la quale gli aveva impedito di rispondere a voce al saluto che lui gli aveva rivolto.

— Ebbene, e se mai, che c'è di male? Debolezze! — gli aveva detto, seccato, il Vannícoli, mentre da lontano seguiva con lo sguardo languido il vecchio professore, il quale se ne andava pian piano, molle molle, strusciando le scarpe.

Non solamente questo peccatuccio di gola,[15] ma tante e tant'altre cose potevano essere perdonate a quell'uomo che, per la scienza, s'era ridotto con quelle spalle aggobbate che pareva gli volessero scivolare e fossero tenute su, penosamente, dal collo lungo, proteso come sotto un giogo. Tra il cappello e la nuca la calvizie del professor Lamis si scopriva come una mezza luna cuojacea; gli tremolava su la nuca una rada zazzeretta[16] argentea, che gli accavallava di qua e di là gli orecchi e seguitava barba davanti – su le gote e sotto il mento – a collana.[17]

Né il Ciotta né il Vannícoli avrebbero mai supposto che in

quel cartoccio Bernardino Lamis si portava a casa tutto il suo pasto giornaliero.

Due anni addietro, gli era piombata addosso da Napoli la famiglia d'un suo fratello, morto colà improvvisamente: la cognata, furia d'inferno, con sette figliuoli, il maggiore dei quali aveva appena undici anni. Notare che[18] il professor Lamis non aveva voluto prender moglie per non esser distratto in alcun modo dagli studii. Quando, senz'alcun preavviso, s'era veduto innanzi quell'esercito strillante, accampato sul pianerottolo della scala, davanti la porta, a cavallo d'innumerevoli fagotti e fagottini, era rimasto allibito. Non potendo per la scala, aveva pensato per un momento di scappare buttandosi dalla finestra. Le quattro stanzette della sua modesta dimora erano state invase; la scoperta d'un giardinetto, unica e dolce cura dello zio, aveva suscitato un tripudio frenetico nei sette orfani sconsolati, come li chiamava la grassa cognata napoletana. Un mese dopo, non c'era piú un filo d'erba in quel giardinetto. Il professor Lamis era diventato l'ombra di sé stesso: s'aggirava per lo studio come uno che non stia piú in cervello,[19] tenendosi pur nondimeno la testa tra le mani quasi per non farsela portar via anche materialmente da quegli strilli, da quei pianti, da quel pandemonio imperversante dalla mattina alla sera. Ed era durato un anno, per lui, questo supplizio, e chi sa quant'altro tempo ancora sarebbe durato, se un giorno non si fosse accorto che la cognata, non contenta dello stipendio che a ogni ventisette del mese egli le consegnava intero, ajutava dal giardinetto il maggiore dei figliuoli a inerpicarsi fino alla finestra dello studio, chiuso prudentemente a chiave, per fargli rubare i libri:

— Belli grossi, neh, Gennarie', belli grossi e nuovi![20]

Mezza la sua biblioteca era andata a finire per pochi soldi su i muricciuoli.[21]

Indignato, su le furie, quel giorno stesso, Bernardino Lamis con sei ceste di libri superstiti e tre rustiche scansie, un gran crocefisso di cartone, una cassa di biancheria, tre seggiole, un ampio seggiolone di cuojo, la scrivania alta e un lavamano, se n'era andato ad abitare – solo – in quelle due stanzette di via Governo Vecchio, dopo aver imposto alla cognata di non farsi vedere mai piú da lui.

Le mandava ora per mezzo d'un bidello dell'Università, puntualmente ogni mese, lo stipendio, di cui tratteneva soltanto lo stretto necessario per sé.

Non aveva voluto prendere neanche una serva a mezzo servizio,[22] temendo che si mettesse d'accordo con la cognata. Del resto, non ne aveva bisogno. Non s'era portat noemmeno il letto: dormiva con uno scialletto su le spalle, avvoltolato in una coperta di lana, entro il seggiolone. Non cucinava. Seguace a modo suo della teoria del Fletcher,[23] si nutriva con poco, masticando molto. Votava quel famoso cartoccio nelle due ampie tasche dei calzoni, metà qua, metà là, e mentre studiava o scriveva, in piedi com'era solito, mangiucchiava o un amaretto o una schiumetta o una bocca di dama. Se aveva sete, acqua. Dopo un anno di quell'inferno, si sentiva ora in paradiso.

Ma era venuto il von Grobler con quel suo libraccio su l'*Eresia Catara* a guastargli le feste.[24]

Quel giorno, appena rincasato, Bernardino Lamis si rimise al lavoro, febbrilmente.

Aveva innanzi a sé due giorni per finir di stendere quella lezione che gli stava tanto a cuore. Voleva che fosse formidabile. Ogni parola doveva essere una frecciata per quel tedescaccio von Grobler.

Le sue lezioni egli soleva scriverle dalla prima parola fino all'ultima, in fogli di carta protocollo, di minutissimo carattere. Poi, all'Università, le leggeva con voce lenta e grave, reclinando indietro il capo, increspando la fonte e stendendo le pàlpebre per potere vedere attraverso le lenti insellate su la punta del naso, dalle cui narici uscivano due cespuglietti di ispidi peli grigi liberamente cresciuti. I due fidi scolari avevano tutto il tempo di scrivere quasi sotto dettatura. Il Lamis non montava mai in cattedra: sedeva umilmente davanti al tavolino sotto. I banchi, nell'aula, erano disposti in quattro ordini, ad anfiteatro. L'aula era buja, e il Ciotta e il Vannícoli all'ultimo ordine, uno di qua, l'altro di là, ai due estremi, per aver luce dai due occhi ferrati[25] che si aprivano in alto. Il professore non li vedeva mai durante la lezione: udiva soltanto il raspío delle loro penne frettolose.

Là, in quell'aula, poiché nessuno s'era levato in sua difesa, lui si sarebbe vendicato della villania di quel tedescaccio, dettando una lezione memorabile.

Avrebbe prima esposto con succinta chiarezza l'origine, la ragione, l'essenza, l'importanza storica e le conseguenze dell'eresia catara, riassumendole dai suoi due volumi; si sarebbe poi lanciato nella parte polemica, avvalendosi dello studio critico che aveva già fatto sul libro del von Grobler. Padrone com'era della materia, e col lavoro già pronto, sotto mano, a una sola fatica sarebbe andato incontro: a quella di tenere a freno la penna. Con l'estro della bile, avrebbe scritto in due giorni, su quell'argomento, due altri volumi piú poderosi dei primi.

Doveva invece restringersi a una piana lettura di poco piú di un'ora: riempire cioè di quella sua minuta scrittura non piú di cinque o sei facciate di carta protocollo. Due le aveva già scritte. Le tre o quattro altre facciate dovevano servire per la parte polemica.

Prima d'accingervisi, volle rileggere la bozza del suo studio critico sul libro del von Grobler. La trasse fuori dal cassetto della scrivania, vi soffiò su per cacciar via la polvere, con le lenti già su la punta del naso, e andò a stendersi lungo lungo sul seggiolone.

A mano a mano, leggendo, se ne compiacque tanto, che per miracolo non si trovò ritto in piedi su quel seggiolone; e tutte, una dopo l'altra, in men d'un'ora, s'era mangiato inavvertitamente le schiumette che dovevano servirgli per due giorni. Mortificato, trasse fuori la tasca vuota, per scuoterne la sfarinatura.

Si mise senz'altro a scrivere, con l'intenzione di riassumere per sommi capi[26] quello studio critico. A poco a poco però, scrivendo, si lasciò vincere dalla tentazione d'incorporarlo tutto quanto di filo nella lezione, parendogli che nulla vi fosse di superfluo, né un punto né una virgola. Come rinunziare, infatti, a certe espressioni d'una arguzia cosí spontanea e di tanta efficacia? a certi argomenti cosí calzanti e decisivi? E altri e altri ancora gliene venivano, scrivendo, piú lucidi, piú convincenti, a cui non era del pari possibile rinunziare.

Quando fu alla mattina del terzo giorno, che doveva dettar la lezione, Bernardino Lamis si trovò davanti, sulla scrivania, ben quindici facciate fitte fitte, invece di sei.

Si smarrí.

Scrupolosissimo nel suo officio, soleva ogni anno, in principio, dettare il sommario di tutta la materia d'insegnamento che avrebbe svolto durante il corso, e a questo sommario si atteneva rigorosissimamente. Già aveva fatto, per quella malaugurata pubblicazione del libro del von Grobler, una prima concessione all'amor proprio offeso, entrando quell'anno a parlare quasi senza opportunità[27] dell'eresia catara. Piú d'una lezione, dunque, non avrebbe potuto spenderci. Non voleva a nessun costo che si dicesse che per bizza o per sfogo il professor Lamis parlava fuor di proposito o piú del necessario su un argomento che non rientrava se non di lontano nella materia dell'annata.

Bisognava dunque, assolutamente, nelle poche ore che gli restavano, ridurre a otto, a nove facciate al massimo, le quindici che aveva scritte.

Questa riduzione gli costò un cosí intenso sforzo intellettuale, che non avvertí nemmeno alla grandine,[28] ai lampi, ai tuoni d'un violentissimo uragano che s'era improvvisamente rovesciato su Roma. Quando fu su la soglia del portoncino di casa, col suo lungo rotoletto di carta sotto il braccio, pioveva a diluvio. Come fare? Mancavano appena dieci minuti all'ora fissata per la lezione. Rifece le scale, per munirsi d'ombrello, e si avviò sotto quell'acqua, riparando alla meglio il rotoletto di carta, la sua « formidabile » lezione.

Giunse all'Università in uno stato compassionevole: zuppo da capo a piedi. Lasciò l'ombrello nella bacheca del portinajo; si scosse un po' la pioggia di dosso, pestando i piedi; s'asciugò la faccia e salí al loggiato.

L'aula – buja anche nei giorni sereni – pareva con quel tempo infernale una catacomba; ci si vedeva a mala pena. Non di meno, entrando, il professor Lamis, che non soleva mai alzare il capo, ebbe la consolazione d'intravedere in essa, cosí di sfuggita, un insolito affollamento, e ne lodò in cuor suo i due fidi scolari che evidentemente avevano sparso tra i compagni la voce del particolare impegno con cui il loro vecchio professore avrebbe svolto quella lezione che tanta e tanta fatica gli era costata e dove tanto testoro di cognizioni era con sommo sforzo racchiuso e tanta arguzia imprigionata.

In preda a una viva emozione, posò il cappello e montò, quel giorno, insolitamente, in cattedra. Le gracili mani gli tremolavano talmente, che stentò non poco a inforcarsi le lenti sulla punta del naso. Nell'aula il silenzio era perfetto. E il professor Lamis, svolto il rotolo di carta, prese a leggere con voce alta e vibrante, di cui egli stesso restò meravigliato. A quali note sarebbe salito, allorché, finita la parte espositiva per cui non era acconcio quel tono di voce, si sarebbe lanciato nella polemica? Ma in quel momento il professor Lamis non era piú padrone di sé. Quasi morso dalle vipere del suo stile, sentiva di tratto in tratto le reni fenderglisi per lunghi brividi[29] e alzava di punto in punto la voce e gestiva, gestiva. Il professor Bernardino Lamis, cosí rigido sempre, cosí contegnoso, quel giorno, gestiva! Troppa bile aveva accumulato in sei mesi, troppa indignazione gli avevano cagionato la servilità, il silenzio della critica italiana; e questo ora, ecco, era per lui il momento della rivincita! Tutti quei bravi giovani, che stavano ad ascoltarlo religiosamente, avrebbero parlato di questa sua lezione, avrebbero detto che egli era salito in cattedra quel giorno perché con maggior solennità partisse dall'Ateneo[30] di Roma la sua sdegnosa risposta non al von Grobler soltanto, ma a tutta quanta la Germania.

Leggeva cosí da circa tre quarti d'ora, sempre piú acceso e vibrante, allorché lo studente Ciotta, che nel venire all'Università era stato sorpreso da un piú forte rovescio d'acqua e s'era riparato in un portone, s'affacciò quasi impaurito all'uscio dell'aula. Essendo in ritardo, aveva sperato che il professor

Lamis con quel tempo da lupi non sarebbe venuto a far lezione. Giú, poi, nella bacheca del portinajo, aveva trovato un bigliettino del Vannícoli che lo pregava di scusarlo presso l'amato professore perché « essendogli la sera avanti smucciato un piede nell'uscir di casa, aveva ruzzolato la scala, s'era slogato un braccio e non poteva perciò, con suo sommo dolore, assistere alla lezione ».

A chi parlava, dunque, con tanto fervore il professor Bernardino Lamis?

Zitto zitto, in punta di piedi, il Ciotta varcò la soglia dell'aula e volse in giro lo sguardo. Con gli occhi un po' abbagliati dalla luce di fuori, per quanto scarsa, intravide anche lui nell'aula numerosi studenti, e ne rimase stupito. Possibile? Si sforzò a guardar meglio.

Una ventina di soprabiti impermeabili,[31] stesi qua e là a sgocciolare nella buja aula deserta, formavano quel giorno tutto l'uditorio del professor Bernardino Lamis.

Il Coitta li guardò, sbigottito, sentí gelarsi il sangue, vedendo il professore leggere cosí infervorato a quei soprabiti la sua lezione, e si ritrasse quasi con paura.

Intanto, terminata l'ora, dall'aula vicina usciva rumorosamente una frotta di studenti di legge, ch'erano forse i proprietarii di quei soprabiti.

Subito il Coitta, che non poteva ancora riprender fiato dall'emozione, stese le braccia e si piantò davanti all'uscio per impedire il passo.

— Per carità, non entrate! C'è dentro il professor Lamis.

— E che fa? — domandarono quelli, meravigliati dell'aria stravolta del Ciotta.

Questi si pose un dito su la bocca, poi disse piano, con gli occhi sbarrati:

— Parla solo!

Scoppiò una clamorosa irrefrenabile risata.

Il Ciotta chiuse lesto lesto l'uscio dell'aula, scongiurando di nuovo:

— Zitti, per carità, zitti! Non gli date questa mortificazione, povero vecchio! Sta parlando dell'eresia catara!

F

Ma gli studenti, promettendo di far silenzio, vollero che l'uscio fosse riaperto, pian piano, per godersi dalla soglia lo spettacolo di quei loro poveri soprabiti che ascoltavano immobili, sgocciolanti neri nell'ombra, la formidabile lezione del professor Bernardino Lamis.

— ... *ma il manicheismo,*[32] *o signori, il manicheismo, in fondo, che cosa è? Ditelo voi! se i primi Albigesi,*[33] *a detta del nostro illustre storico tedesco, signor Hans von Grobler...*

LA GIARA

Piena anche per gli olivi, quell'annata. Piante massaje,[1] cariche l'anno avanti, avevano raffermato[2] tutte, a dispetto della nebbia che le aveva oppresse sul fiorire.

Lo Zirafa, che ne aveva un bel giro nel suo podere delle Quote a Primosole, prevedendo che le cinque giare vecchie di coccio smaltato che aveva in cantina non sarebbero bastate a contener tutto l'olio della nuova raccolta, ne aveva ordinata a tempo una sesta piú capace a Santo Stefano di Camastra,[3] dove si fabbricavano: alta a petto d'uomo, bella panciuta e maestosa, che fosse delle altre cinque la badessa.[4]

Neanche a dirlo,[5] aveva litigato anche col fornaciajo di là per questa giara. E con chi non la attaccava[6] don[7] Lollò Zirafa? Per ogni nonnulla, anche per una pietruzza caduta dal murello di cinta, anche per una festuca di paglia, gridava che gli sellassero la mula per correre in città a fare gli atti.[8] Cosí, a furia di carta bollata[9] e d'onorarii agli avvocati, citando questo, citando quello e pagando sempre le spese per tutti, s'era mezzo rovinato.

Dicevano che il suo consulente legale, stanco di vederselo comparire davanti due o tre volte la settimana, per levarselo di torno,[10] gli aveva regalato un libricino come quelli da messa: il codice,[11] perché si scapasse[12] a cercare da sé il fondamento giuridico alle liti che voleva intentare.

Prima, tutti coloro con cui aveva da dire,[13] per prenderlo in giro gli gridavano: — « Sellate la mula! » — Ora, invece: — « Consultate il calepino! »[14]

E don Lollò rispondeva:

— Sicuro, e vi fulmino[15] tutti, figli d'un cane!

Quella giara nuova, pagata quattr'onze ballanti e sonanti,[16] in attesa del posto da trovarle in cantina, fu allogata provvisoriamente nel palmento. Una giara cosí non s'era mai veduta. Allogata in quell'antro intanfato di mosto e di quell'odore acre e crudo che cova nei luoghi senz'aria e senza luce, faceva pena.

Da due giorni era cominciata l'abbacchiatura[17] delle olive, e don Lollò era su tutte le furie[18] perché, tra gli abbacchiatori e i mulattieri venuti con le mule cariche di concime da depositare a mucchi su la costa per la favata della nuova stagione, non sapeva piú come spartirsi, a chi badar prima. E bestemmiava come un turco e minacciava di fulminare questi e quelli, se un'oliva, che fosse un'oliva,[19] gli fosse mancata, quasi le avesse prima contate tutte a una a una su gli alberi; o se non fosse ogni mucchio di concime della stessa misura degli altri. Col cappellaccio bianco, in maniche di camicia, spettorato, affocato in volto e tutto sgocciolante di sudore, correva di qua e di là, girando gli occhi lupigni e stropicciandosi con rabbia le guance rase, su cui la barba prepotente rispuntava quasi sotto la raschiatura del rasojo.

Ora, alla fine della terza giornata, tre dei contadini che avevano abbacchiato, entrando nel palmento per deporvi le scale e le canne, restarono[20] alla vista della bella giara nuova, spaccata in due, come se qualcuno, con un taglio netto, prendendo tutta l'ampiezza della pancia, ne avesse staccato tutto il lembo davanti.

— Guardate! guardate!

— Chi sarà stato?

— Oh mamma mia! E chi lo sente ora don Lollò?[21] La giara nuova, peccato!

Il primo, piú spaurito di tutti, propose di raccostar subito la porta e andare via zitti zitti, lasciando fuori, appoggiate al muro, le scale e le canne. Ma il secondo:

— Siete pazzi? Con don Lollò? Sarebbe capace di credere che gliel'abbiamo rotta noi. Fermi qua tutti!

Uscí davanti al palmento e, facendosi portavoce delle mani,[22] chiamò:

— Don Lollò! Ah, don Lollòoo!

Eccolo là sotto la costa con gli scaricatori del concime: gesticolava al solito furiosamente, dandosi di tratto in tratto con ambo le mani una rincalcata al cappellaccio bianco. Arrivava talvolta, a forza di quelle rincalcate, a non poterselo piú strappare dalla nuca e dalla fronte. Già nel cielo si spegnevano gli ultimi fuochi del crepuscolo, e tra la pace che scendeva su la campagna con le ombre della sera e la dolce frescura, avventavano i gesti di quell'uomo sempre infuriato.

— Don Lollò! Ah, don Lollòoo!

Quando venne su e vide lo scempio, parve volesse impazzire. Si scagliò prima contro quei tre; ne afferrò uno per la gola e lo impiccò al muro, gridando:

— Sangue della Madonna, me la pagherete!

Afferrato a sua volta dagli altri due, stravolti nelle facce terrigne e bestiali, rivolse contro se stesso la rabbia furibonda, sbatacchiò a terra il cappellaccio, si percosse le guance, pestando i piedi e sbraitando a modo di quelli che piangono un parente morto:

— La giara nuova! Quattr'onze di giara! Non incignata ancora!

Voleva sapere chi gliel'avesse rotta! Possibile che si fosse rotta da sé? Qualcuno per forza doveva averla rotta, per infamità o per invidia! Ma quando? ma come? Non si vedeva segno di violenza! Che fosse arrivata[23] rotta dalla fabrica? Ma che![24] Sonava come una campana!

Appena i contadini videro che la prima furia gli era caduta, cominciarono a esortarlo a calmarsi. La giara si poteva sanare. Non era poi rotta malamente. Un pezzo solo. Un bravo conciabrocche l'avrebbe rimessa su, nuova. C'era giusto[25]Zi'[26] Dima Licasi, che aveva scoperto un mastice miracoloso, di cui serbava gelosamente il segreto: un mastice, che neanche il martello ci poteva, quando aveva fatto presa.[27] Ecco: se don Lollò voleva, domani, alla punta dell'alba, Zi' Dima Licasi sarebbe venuto lí e, in quattro e quattr'otto,[28] la giara, meglio di prima.

Don Lollò diceva di no, a quelle esortazioni: ch'era tutto inutile; che non c'era piú rimedio; ma alla fine si lasciò persuadere, e il giorno appresso, all'alba, puntuale, si presentò a Primosole Zi' Dima Licasi con la cesta degli attrezzi dietro le spalle.

Era un vecchio sbilenco, dalle giunture storpie e nodose, come un ceppo antico d'olivo saraceno.[29] Per cavargli una parola di bocca ci voleva l'uncino. Mutria o tristezza radicate in

quel suo corpo deforme; o anche sconfidenza che nessuno
potesse capire e apprezzare giustamente il suo merito d'inven-
tore non ancora patentato.[30] Voleva che parlassero i fatti, Zi'
Dima Licasi. Doveva poi guardarsi davanti e dietro, perché
non gli rubassero il segreto.

— Fatemi vedere codesto mastice, — gli disse per prima
cosa don Lollò, dopo averlo squadrato a lungo, con diffidenza.

Zi' Dima negò col capo, pieno di dignità.

— All'opera si vede.[31]

— Ma verrà bene?

Zi' Dima posò a terra la cesta; ne cavò un grosso fazzoletto
di cotone rosso, logoro e tutto avvoltolato; prese a svolgerlo
pian piano, tra l'attenzione e la curiosità di tutti, e quando
alla fine venne fuori un pajo d'occhiali col sellino e le stanghe
rotti e legati con lo spago, lui sospirò e gli altri risero. Zi'
Dima non se ne curò; si pulí le dita prima di pigliare gli
occhiali; se li inforcò, poi si mise a esaminare con molta gravità
la giara tratta su l'aja. Disse:

— Verrà bene.

— Col mastice solo però, — mise per patto lo Zirafa, —
non mi fido. Ci voglio anche i punti.[32]

— Me ne vado, — rispose senz'altro Zi' Dima, rizzandosi
e rimettendosi la cesta dietro le spalle.

Don Lollò lo acchiappò per un braccio.

— Dove? Messere e porco,[33] cosí trattate? Ma guarda un
po' che arie da Carlomagno![34] Scannato miserabile[35] e pezzo
d'asino, ci devo metter olio, io, là dentro, e l'olio trasuda!
Un miglio di spaccatura, col mastice solo? Ci voglio i punti.
Mastice e punti. Comando io.

Zi' Dima chiuse gli occhi, strinse le labbra e scosse il capo.
Tutti cosí! Gli era negato il piacere di fare un lavoro pulito,
filato coscienziosamente a regola d'arte, e di dare una prova
della virtú del suo mastice.

— Se la giara — disse — non suona di nuovo come una
campana...

— Non sento niente, — lo interruppe don Lollò. — I punti!
Pago mastice e punti. Quanto vi debbo dare?

— Se col mastice solo...

— Càzzica, che testa![36] — esclamò lo Zirafa. — Come parlo? V'ho detto che ci voglio i punti. C'intenderemo[37] a lavoro finito: non ho tempo da perdere con voi.

E se n'andò a badare ai suoi uomini.

Zi' Dima si mise all'opera gonfio d'ira e di dispetto. E l'ira e il dispetto gli crebbero a ogni foro che praticava col trapano nella giara e nel lembo staccato per farvi passare il fil di ferro della cucitura. Accompagnava il frullo della saettella con grugniti a mano a mano piú frequenti e piú forti, e il viso gli diventava piú verde dalla bile e gli occhi piú aguzzi e accesi di stizza. Finita quella prima operazione, scagliò con rabbia il trapano nella cesta, applicò il lembo staccato alla giara per provare se i fori erano a egual distanza e in corrispondenza tra loro, poi con le tanaglie fece del fil di ferro tanti pezzetti quant'erano i punti che doveva dare, e chiamò per ajuto uno dei contadini che abbacchiavano.

— Coraggio, Zi' Dima! — gli disse quello, vedendogli la faccia alterata.

Zi' Dima alzò la mano a un gesto rabbioso. Aprí la scatola di latta che conteneva il mastice, e lo levò al cielo, scotendolo, come per offrirlo a Dio, visto che gli uomini non volevano riconoscerne la virtú: poi col dito cominciò a spalmarlo tutt'in giro al lembo spaccato e lungo la spaccatura; prese le tanaglie e i pezzetti di fil di ferro preparati avanti, e si cacciò dentro la pancia aperta della giara, ordinando al contadino d'applicare il lembo alla giara, cosí come aveva fatto lui poc'anzi. Prima di cominciare a dare i punti:

— Tira! — disse dall'interno della giara al contadino. — Tira con tutta la tua forza! Vedi se si stacca piú? Malanno[38] a chi non ci crede! Picchia, picchia! Suona, sí o no, come una campana, anche con me qua dentro? Va', va' a dirlo al tuo padrone.

— Chi è sopra comanda, Zi' Dima, — sospirò il contadino, — e chi è sotto si danna![39] Date i punti, date i punti.

E Zi' Dima si mise a far passare ogni pezzetto di fil di ferro attraverso i due fori accanto, l'uno di qua e l'altro di là dalla saldatura; e con le tanaglie ne attorceva i due capi. Ci volle un'ora a passarli tutti. I sudori, giú a fontana, dentro la giara. Lavorando, si lagnava della sua mala sorte. E il contadino, di fuori, a confortarlo.[40]

— Ora ajutami a uscirne, — disse alla fine Zi' Dima.

Ma quanto larga di pancia, tanto quella giara era stretta di collo. Zi' Dima, nella rabbia, non ci aveva fatto caso. Ora, prova e riprova,[41] non trovava piú modo a uscirne. E il contadino, invece di dargli ajuto, eccolo là, si torceva dalle risa. Imprigionato, imprigionato lí, nella giara da lui stesso sanata, e che ora — non c'era via di mezzo – per farlo uscire, doveva esser rotta daccapo e per sempre.

Alle risa, alle grida, sopravvenne don Lollò. Zi' Dima, dentro la giara, era come un gatto inferocito.

— Fatemi uscire! — urlava. — Corpo di Dio, voglio uscire! Subito! Datemi ajuto!

Don Lollò rimase dapprima come stordito. Non sapeva crederci.

— Ma come? Là dentro? s'è cucito là dentro?

S'accostò alla giara e gridò al vecchio:

— Ajuto? E che ajuto posso darvi io? Vecchiaccio stolido, ma come? non dovevate prender prima le misure? Su, provate: fuori un braccio... cosí! e la testa... su... no, piano!... Che! giú... aspettate! cosí no! giú, giú... Ma come avete fatto? E la giara, adesso? Calma! Calma! Calma! — si mise a raccomandare tutt'intorno, come se la calma stessero per perderla gli altri e non lui. — Mi fuma la testa! Calma! Questo è caso nuovo... La mula!

Picchiò con le nocche delle dita su la giara. Sonava davvero come una campana.

— Bella! Rimessa a nuovo... Aspettate! — disse al prigioniero. — Va' a sellarmi la mula! — ordinò al contadino; e, grattandosi con tutte le dita la fronte, seguitò a dire tra sé: — Ma vedete un po' che mi càpita! Questa non è giara! quest'è ordigno del diavolo! Fermo! fermo lí!

E accorse a regger la giara, in cui Zi' Dima, furibondo, si dibatteva come una bestia in trappola.

— Caso nuovo, caro mio, che deve risolvere l'avvocato!
Io non mi fido. La mula! la mula! Vado e torno,[42] abbiate
pazienza! Nell'interesse vostro... Intanto, piano! calma! Io mi
guardo i miei.[43] E prima di tutto, per salvare il mio diritto,
faccio il mio dovere. Ecco: vi pago il lavoro, vi pago la giornata. [44] Cinque lire. Vi bastano?

— Non voglio nulla!— gridò Zi' Dima. — Voglio uscire!

— Uscirete. Ma io, intanto, vi pago. Qua, cinque lire.

Le levò dal taschino del panciotto e le buttò nella giara. Poi
domandò, premuroso:

— Avete fatto colazione? Pane e companatico,[45] subito! Non
ne volete? Buttatelo ai cani! A me basta che ve l'abbia dato.

Ordinò che gli si désse; montò in sella, e via di galoppo
per la città. Chi lo vide, credette che andasse a chiudersi da
sé al manicomio, tanto e in cosí strano modo gesticolava.

Per fortuna, non gli toccò di fare anticamera[46] nello studio
dell'avvocato; ma gli toccò d'attendere un bel po', prima che
questo finisse di ridere, quando gli ebbe esposto il caso. Delle
risa si stizzí.

— Che c'è da ridere, scusi? A vossignoria non brucia.[47] La
giara è mia!

Ma quello seguitava a ridere e voleva che gli rinarrasse il
caso, com'era stato, per farci su altre risate. Dentro, eh? S'era
cucito dentro? E lui, don Lollò, che pretendeva? Te... tene...
tenerlo là dentro... ah ah ah... ohi ohi ohi... tenerlo là dentro
per non perderci la giara?

— Ce la devo perdere?[48] — domandò la Zirafa con le pugna
serrate. — Il danno e lo scorno?[49]

— Ma sapete come si chiama questo? — gli disse in fine
l'avvocato. — Si chiama sequestro di persona![50]

— Sequestro? E chi l'ha sequestrato? — esclamò lo Zirafa.
— S'è sequestrato lui da sé! Che colpa ne ho io?

L'avvocato allora gli spiegò che erano due casi. Da un
canto, lui, don Lollò, doveva subito liberare il prigioniero
per non rispondere di sequestro di persona; dall'altro, il conciabrocche doveva rispondere del danno che veniva a cagionare
con la sua imperizia o con la sua storditaggine.

— Ah! — rifiatò lo Zirafa. — Pagandomi la giara!

— Piano! — osservò l'avvocato. — Non come se fosse nuova, badiamo!

— E perché?

— Ma perché era rotta, oh bella!

— Rotta? Nossignore. Ora è sana. Meglio che sana, lo dice lui stesso! E se ora torno a romperla,[51] non potrò piú farla risanare. Giara perduta, signor avvocato!

L'avvocato gli assicurò che se ne sarebbe tenuto conto, facendogliela pagare per quanto valeva nello stato in cui era adesso.

— Anzi, — gli consigliò, — fatela stimare avanti da lui stesso.

— Bacio le mani,[52] — disse don Lollò, andando via di corsa.

Di ritorno, verso sera, trovò tutti i contadini in festa attorno alla giara abitata. Partecipava alla festa anche il cane di guardia saltando e abbajando. Zi' Dima s'era calmato, non solo, ma aveva preso gusto anche lui alla sua bizzarra avventura e ne rideva con la gajezza mala dei tristi.

Lo Zirafa scostò tutti e si sporse a guardare dentro la giara.

— Ah! Ci stai bene?

— Benone. Al fresco, — rispose quello. — Meglio che a casa mia.

— Piacere. Intanto ti avverto che questa giara mi costò quattr'onze, nuova. Quanto credi che possa costare adesso?

— Con me qua dentro? — domandò Zi' Dima.

I villani risero.

— Silenzio! — gridò lo Zirafa. — Delle due l'una:[53] o il tuo mastice serve a qualche cosa, o non serve a nulla: se non serve a nulla, tu sei un imbroglione; se serve a qualche cosa, la giara, cosí com'è, deve avere il suo prezzo. Che prezzo? Stimala tu.

Zi' Dima rimase un pezzo a riflettere, poi disse:

— Rispondo. Se lei me l'avesse fatta conciare col mastice solo, com'io volevo, io, prima di tutto, non mi troverei qua dentro, e la giara avrebbe su per giú lo stesso prezzo di prima. Cosí sconciata con questi puntacci, che ho dovuto darle per forza di qua dentro, che prezzo potrà avere? Un terzo di quanto valeva, sí e no.

— Un terzo? — domandò lo Zirafa. — Un'onza e trentatré?

— Meno sí, piú no.

— Ebbene, — disse don Lollò. — Passi la tua parola,[54] e dammi un'onza e trentatré.

— Che? — fece Zi' Dima, come se non avesse inteso.

— Rompo la giara per farti uscire, — rispose don Lollò, — e tu, dice l'avvocato, me la paghi per quanto l'hai stimata: un'onza e trentatré.

— Io, pagare? — sghignò Zi' Dima. — Vossignoria scherza! Qua dentro ci faccio i vermi.[55]

E, tratta di tasca con qualche stento la pipetta intartarita, l'accese e si mise a fumare, cacciando il fumo per il collo della giara.

Don Lollò ci restò brutto.[56] Quest'altro caso, che Zi' Dima ora non volesse piú uscire dalla giara, né lui né l'avvocato lo avevano previsto. E come si risolveva adesso? Fu lí lí per ordinare[57] di nuovo: — La mula! — ma pensò ch'era già sera.

— Ah sí? — disse. — Ti vuoi domiciliare nella mia giara? Testimonii tutti qua! Non vuole uscirne lui, per non pagarla; io sono pronto a romperla! Intanto, poiché vuole stare lí, domani io lo cito per alloggio abusivo e perché mi impedisce l'uso della giara.

Zi' Dima cacciò prima fuori un'altra boccata di fumo, poi rispose, placido:

— Nossignore. Non voglio impedirle niente, io. Sto forse qua per piacere? Mi faccia uscire, e me ne vado volentieri. Pagare... neanche per ischerzo, vossignoria!

Don Lollò, in un impeto di rabbia, alzò un piede per avventare un calcio alla giara; ma si trattenne; la abbrancò invece con ambo le mani e la scrollò tutta, fremendo.

— Vede che mastice? — gli disse Zi' Dima.

— Pezzo da galera! — ruggí allora lo Zirafa. — Chi l'ha fatto il male, io o tu? E devo pagarlo io? Muori di fame là dentro! Vedremo chi la vince!

E se n'andò, non pensando alle cinque lire che gli aveva buttate la mattina dentro la giara. Con esse, per cominciare, Zi' Dima pensò di far festa quella sera insieme coi contadini che, avendo fatto tardi per quello strano accidente, rimanevano a passare la notte in campagna, all'aperto, su l'aja. Uno andò a far le spese in una taverna lí presso. A farlo apposta,[58] c'era una luna che pareva fosse raggiornato.

A una cert'ora don Lollò, andato a dormire, fu svegliato da un baccano d'inferno. S'affacciò a un balcone della cascina e vide su l'aja, sotto la luna, tanti diavoli: i contadini ubriachi che, presisi per mano, ballavano attorno alla giara. Zi' Dima, là dentro, cantava a squarciagola.

Questa volta non poté piú reggere, don Lollò: si precipitò come un toro infuriato e, prima che quelli avessero tempo di pararlo, con uno spintone mandò a rotolare la giara giú per la costa. Rotolando, accompagnata dalle risa degli ubriachi, la giara andò a spaccarsi contro un olivo.

E la vinse Zi' Dima.

LA PATENTE

Con quale inflessione di voce e quale atteggiamento d'occhi e di mani, curvandosi, come chi regge rassegnatamente su le spalle un peso insopportabile, il magro giudice D'Andrea soleva ripetere: « Ah, figlio caro! »[1] a chiunque gli facesse qualche scherzosa osservazione per il suo strambo modo di vivere!

Non era ancor vecchio; poteva avere appena quarant'anni; ma cose stranissime e quasi inverosimili, mostruosi intrecci di razze,[2] misteriosi travagli di secoli bisognava immaginare per giungere a una qualche approssimativa spiegazione di quel prodotto umano che si chiamava il giudice D'Andrea.

E pareva ch'egli, oltre che della sua povera, umile, comunissima storia familiare, avesse notizia certa di quei mostruosi intrecci di razze, donde al suo smunto sparuto viso di bianco eran potuti venire quei capelli crespi gremiti da negro; e fosse consapevole di quei misteriosi infiniti travagli di secoli, che su la vasta fronte protuberante gli avevano accumulato tutto quel groviglio di rughe e tolto quasi la vista ai piccoli occhi plumbei, e scontorto tutta la magra, misera personcina.

Cosí sbilenco, con una spalla piú alta dell'altra, andava per via di traverso,[3] come i cani. Nessuno però, moralmente, sapeva rigar piú diritto di lui.[4] Lo dicevano tutti.

Vedere,[5] non aveva potuto vedere molte cose, il giudice D'Andrea; ma certo moltissime ne aveva pensate, e quando il pensare è piú triste, cioè di notte.

Il giudice D'Andrea non poteva dormire.

Passava quasi tutte le notti alla finestra a spazzolarsi una mano a quei duri gremiti suoi capelli da negro, con gli occhi alle stelle, placide e chiare le une come polle di luce, guizzanti e pungenti le altre; e metteva le piú vive in rapporti ideali di figure geometriche, di triangoli e di quadrati, e, socchiudendo la palpebre dietro le lenti, pigliava tra i peli delle ciglia[6] la luce d'una di quelle stelle, e tra l'occhio e la stella stabiliva il legame

63

d'un sottilissimo filo luminoso, e vi avviava l'anima a passeg-
giare come un ragnetto smarrito.

Il pensare cosí di notte non conferisce molto alla salute.
L'arcana solennità che acquistano i pensieri produce quasi
sempre, specie a certuni che hanno in sé una certezza su la
quale non possono riposare, la certezza di non poter nulla
sapere e nulla credere non sapendo, qualche seria costipazione.
Costipazione d'anima, s'intende.

E al giudice D'Andrea, quando si faceva giorno, pareva una
cosa buffa e atroce nello stesso tempo, ch'egli dovesse recarsi
al suo ufficio d'Istruzione[7] ad amministrare – per quel tanto
che a lui toccava[8] – la giustizia ai piccoli poveri uomini
feroci.[9]

Come non dormiva lui, cosí sul suo tavolino nell'ufficio
d'Istruzione non lasciava mai dormire nessun incartamento,
anche a costo di ritardare di due o tre ore il desinare e di
rinunziar la sera, prima di cena, alla solita passeggiata coi
colleghi per il viale attorno alle mura del paese.

Questa puntualità,[10] considerata da lui come dovere impre-
scindibile, gli accresceva terribilmente il supplizio. Non solo
d'amministrare la giustizia gli toccava; ma d'amministrarla
cosí, su due piedi.[11]

Per poter essere meno frettolosamente puntuale, credeva
d'ajutarsi meditando la notte. Ma, neanche a farlo apposta,[12]
la notte, spazzolando la mano a quei suoi capelli da negro e
guardando le stelle, gli venivano tutti i pensieri contrari a
quelli che dovevano fare al caso per lui,[13] data la sua qualità di
giudice istruttore; cosí che, la mattina dopo, anziché ajutata,
vedeva insidiata e ostacolata la sua puntualità da quei pensieri
della notte e cresciuto enormemente lo stento di tenersi stretto
a quell'odiosa sua qualità di guidice istruttore.

Eppure, per la prima volta, da circa una settimana, dormiva
un incartamento sul tavolino del giudice D'Andrea. E per
quel processo che stava lí da tanti giorni in attesa, egli era in
preda a una irritazione smaniosa, a una tetraggine soffocante.

Si sprofondava tanto in questa tetraggine, che gli occhi

aggrottati, a un certo punto, gli si chiudevano. Con la penna in mano, dritto sul busto,[14] il giudice D'Andrea si metteva allora a pisolare, prima raccorciandosi, poi attrappandosi come un baco infratito che non possa piú fare il bozzolo.[15]

Appena, o per qualche rumore o per un crollo piú forte del capo, si ridestava e gli occhi gli andavano lí, a quell'angolo del tavolino dove giaceva l'incartamento, voltava la faccia e, serrando le labbra, tirava con le nari fischianti aria aria aria e la mandava dentro, quanto piú dentro poteva, ad allargar le viscere contratte dall'esasperazione, poi la ributtava via spalancando la bocca con un versaccio di nausea, e subito si portava una mano sul naso adunco a regger le lenti che, per il sudore, gli scivolavano.

Era veramente iniquo quel processo là: iniquo perché includeva una spietata inguistizia contro alla quale un pover uomo[16] tentava disperatamente ribellarsi senza alcuna probabilità di scampo. C'era in quel processo una vittima che non poteva prendersela con nessuno.[17] Aveva voluto prendersela con due, lí in quel processo, coi primi due che gli erano capitati sotto mano,[18] e – sissignori – la giustizia doveva dargli torto, torto, torto, senza remissione, ribadendo cosí, ferocemente, l'iniquità di cui quel pover uomo era vittima.

A passeggio, tentava di parlarne coi colleghi; ma questi, appena egli faceva il nome del Chiàrchiaro, cioè di colui che aveva intentato il processo, si alteravano in viso e si ficcavano subito una mano in tasca a stringervi una chiave, o sotto sotto allungavano l'indice e il mignolo a far le corna, o s'afferravano sul panciotto i gobbetti d'argento,[19] i chiodi, i corni di corallo pendenti dalla catena dell'orologio. Qualcuno, piú francamente, prorompeva:

— Per la Madonna Santissima, ti vuoi star zitto?

Ma non poteva starsi zitto il magro giudice D'Andrea. Se n'era fatta proprio una fissazione, di quel processo. Gira gira, ricascava per forza a parlarne.[20] Per avere un qualche lume dai colleghi – diceva – per discutere cosí in astratto il caso.

Perché, in verità, era un caso insolito e speciosissimo quello d'un jettatore[21] che si querelava per diffamazione contro i

primi due che gli erano caduti sotto gli occhi nell'atto di far gli
scongiuri di rito al suo passaggio.

Diffamazione? Ma che diffamazione,[22] povero disgraziato,
se già da qualche anno era diffusissima in tutto il paese la sua
fama di jettatore? se innumerevoli testimoni potevano venire
in tribunale a giurare che egli in tante e tante occasioni aveva
dato segno di conoscere quella sua fama, ribellandosi con proteste violente? Come condannare, in coscienza, quei due giovanotti quali diffamatori per aver fatto al passaggio di lui il
gesto che da tempo solevano fare apertamente tutti gli altri,
e primi fra tutti – eccoli là – gli stessi giudici?

E il D'Andrea si struggeva; si struggeva di piú incontrando
per via gli avvocati, nelle cui mani si erano messi quei due
giovanotti, l'esile e patitissimo avvocato Grigli, dal profilo di
vecchio uccello di rapina, e il grasso Manin Baracca, il quale,
portando in trionfo su la pancia un enorme corno comperato
per l'occasione e ridendo con tutta la pallida carnaccia di
biondo majale eloquente, prometteva ai concittadini che presto in tribunale sarebbe stata per tutti una magnifica festa.

Orbene, proprio per non dare al paese lo spettacolo di quella
« magnifica festa » alle spalle d'un povero diagraziato, il giudice
D'Andrea prese alla fine la risoluzione di mandare un usciere
in casa del Chiàrchiaro per invitarlo a venire all'ufficio
d'Istruzione. Anche a costo di pagar lui le spese, voleva
indurlo a desistere dalla querela, dimostrandogli quattro e
quattr'otto[23] che quei due giovanotti non potevano essere con-
dannati, secondo giustizia, e che dalla loro assoluzione inevitabile sarebbe venuto a lui certamente maggior danno, una
piú crudele persecuzione.

Ahimé, è proprio vero che è molto piú facile fare il male che
il bene, non solo perché il male si può fare a tutti e il bene
solo a quelli che ne hanno bisogno; ma anche, anzi sopra
tutto, perché questo bisogno d'aver fatto il bene rende spesso
cosí acerbi e irti gli animi di coloro che si vorrebbero benefi-
care, che il beneficio diventa difficilissimo.

Se n'accorse bene quella volta il giudice D'Andrea, appena

alzò gli occhi a guardare il Chiàrchiaro, che gli era entrato nella stanza, mentr'egli era intento a scrivere. Ebbe uno scatto violentissimo e buttò all'aria le carte, balzando in piedi e gridandogli:

— Ma fatemi il piacere! Che storie son queste? Vergogna-tevi!

Il Chiàrchiaro s'era combinata una faccia da jettatore,[24] ch'era una meraviglia a vedere. S'era lasciata crescere su le cave gote gialle una barbaccia ispida e cespugliuta; s'era insellato sul naso un pajo di grossi occhiali cerchiati d'osso, che gli davano l'aspetto d'un barbagianni; aveva poi indossato un abito lustro, sorcigno, che gli sgonfiava da tutte le parti.[25]

Allo scatto del giudice non si scompose. Dilatò le nari, digrignò i denti gialli e disse sottovoce:

— Lei dunque non ci crede?

— Ma fatemi il piacere![26] — ripeté il giudice D'Andrea. — Non facciamo scherzi, caro Chiàrchiaro! O siete impazzito? Via, via, sedete, sedete qua.

E gli s'accostò e fece per posargli una mano su la spalla. Subito il Chiàrchiaro sfagliò come un mulo, fremendo:

— Signor giudice, non mi tocchi! Se ne guardi bene![27] O lei, com'è vero Dio, diventa cieco!

Il D'Andrea stette a guardarlo freddamente, poi disse:

— Quando sarete comodo...[28] Vi ho mandato a chiamare per il vostro bene. Là c'è una sedia, sedete.

Il Chiàrchiaro sedette e, facendo rotolar con le mani su le cosce la canna d'India a mo' d'un matterello,[29] si mise a tentennare il capo.

— Per il mio bene? Ah, lei si figura di fare il mio bene, signor giudice, dicendo di non credere alla jettatura?

Il D'Andrea sedette anche lui e disse:

— Volete che vi dica che ci credo? E vi dirò che ci credo! Va bene così?

— Nossignore, — negò recisamente il Chiàrchiaro, col tono di chi non ammette scherzi. — Lei deve crederci sul serio, e deve anche dimostrarlo istruendo il processo!

— Questo sarà un po' difficile, — sorrise mestamente il

G

D'Andrea. — Ma vediamo di intenderci, caro Chiàrchiaro. Voglio dimostrarvi che la via che avete preso non è propriamente quella che possa condurvi a buon porto.[30]

— Via? porto? Che porto e che via? — domandò, aggrondato, il Chiàrchiaro.

— Né questa d'adesso, — rispose il D'Andrea, — né quella là del processo. Già l'una e l'altra, scusate, son tra loro cosí.

E il giudice D'Andrea infrontò gl'indici delle mani per significare che le due vie gli parevano opposte.

Il Chiàrchiaro si chinò e tra i due indici cosí infrontati del giudice ne inserí uno suo, tozzo, peloso e non molto pulito.

— Non è vero niente, signor giudice! — disse, agitando quel dito.

— Come no? — esclamò il D'Andrea. — Là accusate come diffamatori due giovani perché vi credono jettatore, e ora qua voi stesso vi presentate innanzi a me in veste di jettatore e pretendete anzi ch'io creda alla vostra jettatura.

— Sissignore.

— E non vi pare che ci sia contraddizione?

Il Chiàrchiaro scosse piú volte il capo con la bocca aperta a un muto ghigno di sdegnosa commiserazione.

— Mi pare piuttosto, signor giudice, — poi disse, — che lei non capisca niente.

Il D'Andrea lo guardò un pezzo, imbalordito.

— Dite pure, dite pure, caro Chiàrchiaro. Forse è una verità sacrosanta questa che vi è scappata dalla bocca. Ma abbiate la bontà di spiegarmi perché non capisco niente.

— Sissignore. Eccomi qua,[31] — disse il Chiàrchiaro, accostando la seggiola. — Non solo le farò vedere che lei non capisce niente; ma anche che lei è un mio mortale nemico. Lei, lei, sissignore. Lei che crede di fare il mio bene. Il mio piú acerrimo nemico.[32] Sa o non sa che i due imputati hanno chiesto il patrocinio[33] dell'avvocato Manin Baracca?

— Sí. Questo lo so.

— Ebbene, all'avvocato Manin Baracca io, Rosario Chiàrchiaro, io stesso sono andato a fornire le prove del fatto: cioè, che non solo mi ero accorto da piú d'un anno che tutti, vedendomi passare, facevano le corna, ma le prove anche, prove documentate e testimonianze irrepetibili dei fatti spaventosi su cui è edificata incrollabilmente, incrollabilmente, capisce, signor giudice? la mia fama di jettatore!

— Voi? Dal Baracca?

— Sissignore, io.

Il giudice lo guardò, piú imbalordito che mai:

— Capisco anche meno di prima. Ma come? Per render piú sicura l'assoluzione di quei giovanotti? E perché allora vi siete querelato?

Il Chiàrchiaro ebbe un prorompimento di stizza per la durezza di mente del giudice D'Andrea; si levò in piedi, gridando con le braccia per aria:

— Ma perché io voglio, signor giudice, un riconoscimento ufficiale della mia potenza, non capisce ancora? Voglio che sia ufficialmente riconosciuta questa mia potenza spaventosa, che è ormai l'unico mio capitale!

E ansimando, protese il braccio, batté forte sul pavimento la canna d'India e rimase un pezzo impostato in quell'atteggiamento grottescamente imperioso.

Il giudice D'Andrea si curvò, si prese la testa tra le mani, commosso, e ripeté:

— Povero caro Chiàrchiaro mio, povero caro Chiàrchiaro mio, bel capitale! E che te ne fai? che te ne fai?

— Che me ne faccio? — rimbeccò pronto il Chiàrchiaro. — Lei, padrone mio, per esercitare codesta professione di giudice,[34] anche cosí male come la esercita, mi dica un po', non ha dovuto prender la laurea?

— La laurea, sí.

— Ebbene, voglio anch'io la mia patente, signor giudice! La patente di jettatore. Col bollo. Con tanto di bollo legale! Jettatore patentato dal regio tribunale.

— E poi?

— E poi? Me lo metto come titolo nei biglietti da visita. Signor giudice, mi hanno assassinato. Lavoravo. Mi hanno fatto cacciar via dal banco[35] dov'ero scritturale, con la scusa che, essendoci io, nessuno piú veniva a far debiti e pegni; mi

hanno buttato in mezzo a una strada,[36] con la moglie paralitica
da tre anni e due ragazze nubili, di cui nessuno vorrà piú
sapere,[37] perché sono figlie mie; viviamo del soccorso che ci
manda da Napoli un mio figliuolo, il quale ha famiglia anche
lui, quattro bambini, e non può fare a lungo questo sacrifizio
per noi. Signor giudice, non mi resta altro che di mettermi
a fare la professione del jettatore! Mi sono parato cosí, con
questi occhiali, con quest'abito; mi sono lasciato crescere la
barba; e ora aspetto la patente per entrare in campo![38] Lei mi
domanda come? Me lo domanda perché, le ripeto, lei è un
mio nemico!

— Io?

— Sissignore. Perché mostra di non credere[39] alla mia potenza! Ma per fortuna ci credono gli altri, sa? Tutti, tutti ci
credono! E ci son tante case da giuoco in questo paese! Basterà
che io mi presenti; non ci sarà bisogno di dir nulla. Mi
pagheranno per farmi andar via! Mi metterò a ronzare attorno
a tutte le fabbriche; mi pianterò innanzi a tutte le botteghe;
e tutti, tutti mi pagheranno la tassa, lei dice dell'ignoranza?
io dico la tassa della salute! Perché, signor giudice, ho accumulato tanta bile e tanto odio, io, contro tutta questa schifosa
umanità, che veramente credo d'aver ormai in questi occhi la
potenza di far crollare dalle fondamenta una intera città!

Il giudice D'Andrea, ancora con la testa tra le mani, aspettò
un pezzo che l'angoscia che gli serrava la gola desse adito
alla voce. Ma la voce non volle venir fuori; e allora egli, socchiudendo dietro le lenti i piccoli occhi plumbei, stese le mani
e abbracciò il Chiàrchiaro a lungo, forte forte, a lungo.

Questi lo lasciò fare.

— Mi vuol bene davvero? — gli domandò. — E allora
istruisca subito il processo, e in modo da farmi avere al piú
presto quello che desidero.

— La patente?

Il Chiàrchiaro protese di nuovo il braccio, batté la canna
d'India sul pavimento e, portandosi l'altra mano al petto,
ripeté con tragica solennità:

— La patente.

LA TRAGEDIA DI UN PERSONAGGIO

È mia vecchia abitudine dare udienza, ogni domenica mattina, ai personaggi delle mie future novelle.

Cinque ore, dalle otto alle tredici.

M'accade quasi sempre di trovarmi in cattiva compagnia.

Non so perché, di solito accorre a queste mie udienze la gente piú scontenta del mondo, o afflitta da strani mali, o ingarbugliata in speciosissimi casi, con la quale è veramente una pena trattare.

Io ascolto tutti con sopportazione; li interrogo con buona grazia; prendo nota de' nomi e delle condizioni di ciascuno; tengo conto de' loro sentimenti e delle loro aspirazioni. Ma bisogna anche aggiungere che per mia disgrazia non sono di facile contentatura[1]. Sopportazione, buona grazia, sí; ma esser gabbato non mi piace. E voglio penetrare in fondo al loro animo con lunga e sottile indagine.

Ora avviene che a certe mie domande piú d'uno aombri è s'impunti e recalcitri furiosamente, perché forse gli sembra ch'io provi gusto a scomporlo dalla serietà con cui mi s'e presentato.

Con pazienza, con buona grazia m'ingegno di far vedere e toccar con mano,[2] che la mia domanda non è superflua, perché si fa presto a volerci in un modo o in un altro,[3] tutto sta[4] poi se possiamo essere quali ci vogliamo. Ove quel potere manchi, per forza questa volontà deve apparire ridicola e vana.

Non se ne vogliono persuadere.

E allora io, che in fondo sono di buon cuore, li compatisco. Ma è mai possibile il compatimento di certe sventure, se non a patto che se ne rida?

Orbene, i personaggi delle mie novelle vanno sbandendo per il mondo, che io sono uno scrittore crudelissimo e spietato. Ci vorrebbe un critico di buona volontà, che facesse vedere quanto compatimento sia sotto a quel riso.[5]

Ma dove sono oggi i critici di buona volontà?

È bene avvertire che alcuni personaggi, in queste udienze, balzano davanti agli altri e s'impongono con tanta petulanza e prepotenza, ch'io mi vedo costretto qualche volta a sbrigarmi di loro lí per lí.[6]

Parecchi di questa lor furia poi si pentono amaramente e mi si raccomandano per avere accomodato chi un difetto e chi un altro. Ma io sorrido e dico loro pacatamente che scontino ora il loro peccato originale e aspettino ch'io abbia tempo e modo di ritornare ad essi.

Tra quelli che rimangono indietro in attesa, sopraffatti, chi sospira, chi s'oscura, chi si stanca e se ne va a picchiare alla porta di qualche altro scrittore.

Mi è avvenuto non di rado di ritrovare nelle novelle di parecchi miei colleghi certi personaggi, che prima s'erano presentati a me; come pure m'è avvenuto di ravvisarne certi altri, i quali, non contenti del modo com'io li avevo trattati, han voluto provare di fare altrove miglior figura.

Non me ne lagno, perché solitamente di nuovi me ne vengono davanti due e tre per settimana. E spesso la ressa è tanta, ch'io debbo dar retta a piú d'uno contemporaneamente. Se non che, a un certo punto, lo spirito cosí diviso e frastornato si ricusa a quel doppio o triplo allevamento e grida esasperato che, o uno alla volta, piano piano, riposatamente, o via nel limbo tutt'e tre!

Ricordo sempre con quanta remissione aspettò il suo turno un povero vecchietto arrivatomi da lontano, un certo maestro Icilio Saporini,[7] spatriato in America nel 1849, alla caduta della Repubblica Romana, per aver musicato non so che inno patriottico, e ritornato in Italia dopo quarantacinque anni, quasi ottantenne, per morirvi. Cerimonioso, col suo vocino di zanzara, lasciava passar tutti innanzi a sé. E finalmente un giorno ch'ero ancor convalescente d'una lunga malattia, me lo vidi entrare in camera, umile umile, con un timido risolino su le labbra:

— Se posso... Se non le dispiace...

Oh sí, caro vecchietto! Aveva scelto il momento piú opportuno. E lo feci morire subito subito in una novelletta intitolata *Musica vecchia*.

Quest'ultima domenica sono entrato nello scrittojo, per l'udienza, un po' piú tardi del solito.

Un lungo romanzo inviatomi in dono, e che aspettava da piú d'un mese d'esser letto, mi tenne sveglio fino alle tre del mattino per le tante considerazioni che mi suggerí un personaggio di esso, l'unico vivo tra molte ombre vane.

Rappresentava un pover uomo,[8] un certo dottor Fileno, che credeva d'aver trovato il piú efficace rimedio a ogni sorta di mali, una ricetta infallibile per consolar sé stesso e tutti gli uomini d'ogni pubblica o privata calamità.

Veramente, piú che rimedio o ricetta, era un metodo, questo del dottor Fileno, che consisteva nel leggere da mane a sera libri di storia e nel veder nella storia anche il presente, cioè come già lontanissimo nel tempo e impostato negli archivii del passato.

Con questo metodo s'era liberato d'ogni pena e d'ogni fastidio, e aveva trovato – senza bisogno di morire – la pace: una pace austera e serena, soffusa di quella certa mestizia senza rimpianto, che serberebbero ancora i cimiteri su la faccia della terra, anche quando tutti gli uomini vi fossero morti.

Non si sognava neppure, il dottor Fileno, di trarre dal passato ammaestramenti per il presente. Sapeva che sarebbe stato tempo perduto, e da sciocchi;[9] perché la storia è composizione ideale d'elementi raccolti secondo la natura, le antipatie, le simpatie, le aspirazioni, le opinioni degli storici, e che non è dunque possibile far servire questa composizione ideale alla vita che si muove con tutti i suoi elementi ancora scomposti e sparpagliati. E nemmeno si sognava di trarre dal presente norme o previsioni per l'avvenire; anzi faceva proprio il contrario: si poneva idealmente nell'avvenire per guardare il presente, e lo vedeva come passato.

Gli era morta, per esempio, da pochi giorni una figliuola. Un amico era andato a trovarlo per condolersi con lui della sciagura. Ebbene, lo aveva trovato già cosí consolato, come se quella figliuola gli fosse morta da piú che cent'anni.

La sua sciagura, ancor calda calda, l'aveva senz'altro allontanata nel tempo, respinta e composta nel passato. Ma bisognava vedere da quale altezza e con quanta dignità ne parlava!

In somma, di quel suo metodo il dottor Fileno s'era fatto come un cannocchiale rivoltato. Lo apriva, ma non per mettersi a guardare verso l'avvenire, dove sapeva che non avrebbe veduto niente; persuadeva l'anima a esser contenta di mettersi a guardare dalla lente piú grande, attraverso la piccola, appuntata al presente, per modo che tutte le cose subito, le apparissero piccole e lontane. E attendeva da varii anni a comporre un libro, che avrebbe fatto epoca[10] certamente: *La filosofia del lontano*.

Durante la lettura del romanzo m'era apparso manifesto che l'autore, tutto inteso ad annodare artificiosamente una delle trame piú solite, non aveva saputo assumere intera coscienza di questo personaggio, il quale, contenendo in sé, esso solo, il germe d'una vera e propria creazione, era riuscito a un certo punto a prender la mano all'autore[11] e a stagliarsi per un lungo tratto con vigoroso rilievo su i comunissimi casi narrati e rappresentati; poi, all'improvviso, sformato e immiserito, s'era lasciato piegare e adattare alle esigenze d'una falsa e sciocca soluzione.

Ero rimasto a lungo, nel silenzio della notte, con l'immagine di questo personaggio davanti agli occhi, a fantasticare. Peccato! C'era tanta materia in esso, da trarne fuori un capolavoro! Se l'autore non lo avesse cosí indegnamente misconosciuto e trascurato, se avesse fatto di lui il centro della narrazione, anche tutti quegli elementi artificiosi di cui s'era valso, si sarebbero forse trasformati, sarebbero diventati subito vivi anch'essi. E una gran pena e un gran dispetto s'erano impadroniti di me per quella vita miseramente mancata.

Ebbene, quella mattina, entrando tardi nello scrittojo, vi trovai un insolito scompiglio, perché quel dottor Fileno s'era già cacciato in mezzo ai miei personaggi aspettanti, i quali, adirati e indispettiti, gli erano saltati addosso e cercavano di cacciarlo via, di strapparlo indietro.

— Ohé! — gridai. — Signori miei, che modo è codesto?[12] Dottor Fileno, io ho già sprecato con lei troppo tempo. Che vuole da me? Lei non m'appartiene. Mi lasci attendere in pace adesso a' miei personaggi, e se ne vada.

Una cosí intensa e disperata angoscia si dipinse sul volto del dottor Fileno, che subito tutti quegli altri (i miei personaggi che ancora stavano a trattenerlo) impallidirono mortificati e si ritrassero.

— Non mi scacci, per carità, non mi scacci! Mi accordi cinque soli minuti d'udienza, con sopportazione di questi signori,[13] e si lasci persuadere, per carità!

Perplesso e pur compreso di pietà, gli domandai:

— Ma persuadere di che? Sono persuasissimo che lei, caro dottore, meritava di capitare in migliori mani. Ma che cosa vuole ch'io le faccia? Mi son doluto già molto della sua sorte; ora basta.

— Basta? Ah, no, perdio! — scattò il dottor Fileno con un fremito d'indignazione per tutta la persona. — Lei dice cosí perché non son cosa sua. La sua noncuranza, il suo disprezzo mi sarebbero, creda, assai meno crudeli, che codesta passiva commiserazione, indegna d'un artista, mi scusi! Nessuno può sapere meglio di lei, che noi siamo esseri vivi, piú vivi di quelli che respirano e vestono panni; forse meno reali, ma piú veri! Si nasce alla vita in tanti modi, caro signore; e lei sa bene che la natura si serve dello strumento della fantasia umana per proseguire la sua opera di creazione. E chi nasce mercé quest'attività creatrice che ha sede nello spirito dell'uomo, è ordinato da natura a una vita di gran lunga[14] superiore a quella di chi nasce dal grembo mortale d'una donna. Chi nasce personaggio, chi ha la ventura di nascere personaggio vivo, può infischiarsi anche della morte. Non muore piú! Morrà l'uomo, lo scrittore, strumento naturale della creazione; la creatura non muore piú! E per vivere eterna, non ha mica bisogno di straordinarie doti o di compiere prodigi. Mi dica lei chi era Sancho Panza![15] Mi dica lei chi era don Abbondio![16] Eppure vivono eterni perché – vivi germi – ebbero la ventura di trovare una matrice feconda, una fantasia che li seppe allevare e nutrire per l'eternità.

— Ma sí, caro dottore: tutto questo sta bene, — gli dissi. — Ma non vedo ancora che cosa ella possa volere da me.

— Ah no? non vede? — fece il dottor Fileno. — Ho forse sbagliato strada? Sono caduto per caso nel mondo della Luna? Ma che razza di scrittore è lei, scusi? Ma dunque sul serio lei non comprende l'orrore della tragedia mia? Avere il privilegio inestimabile di esser nato personaggio, oggi come oggi,[17] voglio dire oggi che la vita materiale è cosí irta di vili difficoltà che ostacolano, deformano, immiseriscono ogni esistenza; avere il privilegio di esser nato personaggio vivo, ordinato dunque, anche nella mia piccolezza, all'immortalità, e sissignore, esser caduto in quelle mani, esser condannato a perire iniquamente, a soffocare in quel mondo d'artifizio, dove non posso né respirare né dare un passo, perché tutto è finto, falso, combinato, arzigogolato! Parole e carta! Carta e parole! Un uomo, se si trova avviluppato in condizioni di vita a cui non possa o non sappia addattarsi, può scapparsene, fuggire; ma un povero personaggio, no: è lí fissato, inchiodato a un martirio senza fine! Aria! aria! vita! Ma guardi... *Fileno*...[18] mi ha messo nome *Fileno*... Le pare sul serio che io mi possa chiamar Fileno? Imbecille, imbecille! Neppure il nome ha saputo darmi! Io, Fileno! E poi, già, io, io, l'autore della *Filosofia del lontano*, proprio io dovevo andare a finire in quel modo indegno per sciogliere tutto quello stupido garbuglio di casi là! Dovevo sposarla io, è vero? in seconde nozze quell'oca di Graziella, invece del notajo Negroni! Ma mi faccia il piacere![19] Questi sono delitti, caro signore, delitti che si dovrebbero scontare a lagrime di sangue! Ora, invece, che avverrà? Niente. Silenzio. O forse qualche stroncatura in due o tre giornaletti. Forse qualche critico esclamerà: « Quel povero dottor Fileno, peccato! Quello sí era un buon personaggio! ». E tutto finirà cosí. Condannato a morte, io, l'autore della *Filosofia del lontano*, che quell'imbecille non ha trovato modo neanche di farmi stampare a mie spese![20] Eh già, se no, sfido![21] come avrei potuto sposare in seconde nozze quell'oca di Graziella? Ah, non mi ci faccia pensare! Su, su, all'opera, all'opera, caro signore! Mi riscatti lei, subito subito! mi faccia viver lei che ha compreso bene tutta la vita che è in me.

A questa proposta avventata furiosamente come conclusione del lunghissimo sfogo, restai un pezzo a mirare in faccia il dottor Fileno.

— Si fa scrupolo?[22] — mi domandò, scombujandosi. — Si fa scrupolo? Ma è legittimo, legittimo, sa! È suo diritto sacrosanto riprendermi e darmi la vita che quell'imbecille non ha saputo darmi. È suo e mio diritto, capisce?

— Sarà suo diritto, caro dottore, — risposi, — e sarà anche legittimo, come lei crede. Ma queste cose, io non le faccio. Ed è inutile che insista. Non le faccio. Provi a rivolgersi altrove.

— E a chi vuole che mi rivolga, se lei...

— Ma io non so! Provi. Forse non stenterà molto a trovarne qualcuno perfettamente convinto della legittimità di codesto diritto. Se non che, mi ascolti un po', caro dottor Fileno. E lei, sí o no, veramente l'autore della *Filosofia del lontano*?

— E come no? — scattò il dottor Fileno, tirandosi un passo indietro e recandosi le mani al petto. — Oserebbe metterlo in dubbio? Capisco, capisco! È sempre per colpa di quel mio assassino! Ha dato appena appena e in succinto, di passata,[23] un'idea delle mie teorie, non supponendo neppur lontanamente tutto il partito che c'era da trarre[24] da quella mia scoperta del cannocchiale rivoltato!

Parai le mani per arrestarlo, sorridendo e dicendo:

— Va bene... va bene... ma, e lei, scusi?

— Io? come, io?

— Si lamenta del suo autore; ma ha saputo lei, caro dottore, trar partito veramente della sua teoria? Ecco, volevo dirle proprio questo. Mi lasci dire. Se Ella crede sul serio, come me, alla virtú della sua filosofia, perché non la applica un po' al suo caso? Ella va cercando, oggi, tra noi, uno scrittore che la consacri all'immortalità? Ma guardi a ciò che dicono di noi poveri scrittorelli contemporanei tutti i critici piú raguardevoli. Siamo e non siamo,[25] caro dottore! E sottoponga, insieme con noi, al suo famoso cannocchiale rivoltato i fatti piú notevoli, le questioni piú ardenti e le piú mirabili opere dei giorni nostri. Caro il mio dottore, ho gran paura ch'Ella non vedrà piú niente né nessuno. E dunque via, si consoli, o piuttosto, si rassegni, e mi lasci attendere a' miei personaggi, i quali, saranno cattivi, saranno scontrosi, ma non hanno almeno la sua stravagante ambizione.

CANTA L'EPISTOLA

Avevate preso gli Ordini?

— Tutti no. Fino al Suddiaconato.[1]

— Ah, suddiacono. E che fa il suddiacono?

— Canta l'Epistola; regge il libro al diacono mentre canta il Vangelo; amministra i vasi della Messa;[2] tiene la patena[3] avvolta nel velo in tempo del Canone.[4]

— Ah, dunque voi cantavate il Vangelo?

— Nossignore. Il Vangelo lo canta il diacono; il suddiacono canta l'Epistola.

— E voi allora cantavate l'Epistola?

— Io? proprio io? Il suddiacono.

— Canta l'Epistola?

— Canta l'Epistola.

Che c'era da ridere in tutto questo?

Eppure, nella piazza aerea del paese, tutta frusciante di foglie secche, che s'oscurava e rischiarava a una rapida vicenda di nuvole e di sole, il vecchio dottor Fanti, rivolgendo quelle domande a Tommasino Unzio uscito or ora dal seminario senza più tonaca per aver perduto la fede, aveva composto la faccia caprigna a una tale aria, che tutti gli sfaccendati del paese, seduti in giro innanzi alla *Farmacia dell'Ospedale*, parte storcendosi e parte turandosi la bocca, s'erano tenuti a stento di ridere.

Le risa erano prorotte squacquerate, appena andato via Tommasino inseguito da tutte quelle foglie secche; poi l'uno aveva preso a domandare all'altro:

— Canta l'Epistola?

E l'altro a rispondere:

— Canta l'Epistola.

E così a Tommasino Unzio, uscito suddiacono dal seminario senza più tonaca, per aver perduto la fede, era stato appiccicato il nomignolo di *Canta l'Epistola*.

La fede si può perdere per centomila ragioni; e, in generale, chi perde la fede è convinto, almeno nel primo momento, di aver fatto in cambio qualche guadagno; non foss'altro,[5] quello della libertà di fare e dire certe cose che, prima, con la fede non riteneva compatibili.

Quando però cagione della perdita non sia la violenza di appetiti terreni, ma sete d'anima che non riesca più a saziarsi nel calice dell'altare e nel fonte dell'acqua benedetta, difficilmente chi perde la fede è convinto d'aver guadagnato in cambio qualche cosa. Tutt'al più, lí per lí, non si lagna della perdita, in quanto riconosce d'aver perduto in fine una cosa che non aveva più per lui alcun valore.

Tommasino Unzio, con la fede, aveva poi perduto tutto, anche l'unico stato[6] che il padre gli potesse dare, mercé un lascito condizionato d'un vecchio zio sacerdote. Il padre, inoltre, non s'era tenuto di prenderlo a schiaffi, a calci, e di lasciarlo parecchi giorno a pane e acqua, e di scagliargli in faccia ogni sorta di ingiurie e di vituperii. Ma Tommasino aveva sopportato tutto con dura e pallida fermezza, e aspettato che il padre si convincesse non esser quelli[7] propriamente i mezzi più acconci per fargli ritornar la fede e la vocazione.

Non gli aveva fatto tanto male la violenza, quanto la volgarità dell'atto cosí contrario alla ragione per cui s'era spogliato dell'abito sacerdotale.

Ma d'altra parte aveva compreso che le sue guance, le sue spalle, il suo stomaco dovevano offrire uno sfogo al padre per il dolore che sentiva anche lui, cocentissimo, della sua vita irreparabilmente crollata e rimasta come un ingombro lí per casa.

Volle però dimostrare a tutti che non s'era spretato per voglia di mettersi « a fare il porco » come il padre pulitamente era andato sbandendo per tutto il paese. Si chiuse in sé, e non uscí più dalla sua cameretta, se non per qualche passeggiata solitaria o su per i boschi di castagni, fino al Pian della Britta, o giú per la carraja a valle, tra i campi, fino alla chiesetta abbandonata di Santa Maria di Loreto, sempre assorto in meditazioni e senza mai alzar gli occhi in volto a nessuno.

È vero intanto che il corpo, anche quando lo spirito si fissi in un dolore profondo o in una tenace ostinazione ambiziosa, spesso lascia lo spirito cosí fissato e, zitto zitto, senza dirgliene nulla, si mette a vivere per conto suo, a godere della buon'aria e dei cibi sani.

Avvenne cosí a Tommasino di ritrovarsi in breve e quasi per ischerno, mentre lo spirito gli s'immalinconiva e s'assottigliava sempre piú nelle disperate meditazioni, con un corpo ben pasciuto e florido, da padre abate.

Altro che Tommasino, adesso! Tommasone[8] *Canta l'Epistola*. Ciascuno, a guardarlo, avrebbe dato ragione al padre.[9] Ma si sapeva in paese come il povero giovine vivesse; e nessuna donna poteva dire d'essere stata guardata da lui, fosse pur di sfuggita.

Non aver piú coscienza d'essere, come una pietra, come una pianta; non ricordarsi piú neanche del proprio nome; vivere per vivere, senza saper di vivere, come le bestie, come le piante; senza piú affetti, né desiderii, né memorie, né pensieri; senza piú nulla che désse senso e valore alla propria vita. Ecco: sdrajato lí su l'erba, con le mani intrecciate dietro la nuca, guardare nel cielo azzurro le bianche nuvole abbarbaglianti, gonfie di sole; udire il vento che faceva nei castagni del bosco come un fragor di mare, e nella voce di quel vento e in quel fragore sentire, come da un'infinita lontananza, la vanità d'ogni cosa e il tedio angoscioso della vita.

Nuvole e vento.

Eh, ma era già tutto avvertire e riconoscere che quelle che veleggiavano luminose per la sterminata azzurra vacuità erano nuvole. Sa forse d'essere la nuvola? Né sapevan di lei l'albero e le pietre, che ignoravano anche sé stessi.

E lui, avvertendo e riconoscendo le nuvole, poteva anche – perché no? – pensare alla vicenda dell'acqua, che divien nuvola per ridivenir poi acqua di nuovo. E a spiegar questa vicenda bastava un povero professoruccio di fisica; ma a spiegare il perché del perché?

Su nel bosco dei castagni, picchi d'accetta; giú nella cava, picchi di piccone.

Mutilare la montagna; atterrare gli alberi, per costruire case. Lí, in quel borgo montano, altre case. Stenti, affanni, fatiche e pene d'ogni sorta, perché? per arrivare a un comignolo e per fare uscir poi da questo comignolo un po' di fumo, subito disperso nella vanità dello spazio.

E come quel fumo, ogni pensiero, ogni memoria degli uomini.

Ma davanti all'ampio spettacolo della natura, a quell'immenso piano verde di querci e d'ulivi e di castagni, degradante dalle falde del Cimino[10] fino alla valle tiberina laggiú laggiú, sentiva a poco a poco rasserenarsi in una blanda smemorata mestizia.

Tutte le illusioni e tutti i disinganni e i dolori e le gioje e le speranze e i desiderii degli uomini gli apparivano vani e transitorii di fronte al sentimento che spirava dalle cose che restano e sopravanzano ad essi, impassibili. Quasi vicende di nuvole gli apparivano nell'eternità della natura i singoli fatti degli uomini. Bastava guardare quegli alti monti[11] di là dalla valle tiberina, lontani lontani, sfumanti all'orizzonte, lievi e quasi aerei nel tramonto.

Oh ambizioni degli uomini! Che grida di vittoria, perché l'uomo s'era messo a volare come un uccellino! Ma ecco qua un uccellino come vola: è la facilità piú schietta e lieve, che s'accompagna spontanea a un trillo di gioja. Pensare adesso al goffo apparecchio rombante, e allo sgomento, all'ansia all'angoscia mortale dell'uomo che vuol fare l'uccellino! Qua un frullo e un trillo; là un motore strepitoso e puzzolente, e la morte davanti. Il motore si guasta, il motore s'arresta; addio uccellino!

— Uomo, — diceva Tommasino Unzio, lí sdrajato sull'erba, — lascia di volare. Perché vuoi volare? E quando hai volato?

D'un tratto, come una raffica, corse per tutto il paese una notizia che sbalordí tutti: Tommasino Unzio, *Canta l'Epistola*, era stato prima schiaffeggiato e poi sfidato a duello dal tenente De Venera, comandante il distaccamento, perché, senza voler dare alcuna spiegazione, aveva confermato d'aver detto: — *Stupida!* — in faccia alla signorina Olga Fanelli, fidanzata del tenente, la sera avanti, lungo la via di campagna che conduce alla chiesetta di Santa Maria di Loreto.

Era uno sbalordimento misto d'ilarità, che pareva s'appigliasse a un'interrogazione su questo o quel dato della notizia, per non precipitare di botto nell'incredulità.

— Tommasino? — Sfidato a duello? — Stupida, alla signorina Fanelli? — Confermato? — Senza spiegazioni? — E ha accettato la sfida?

— Eh, perdio, schiaffeggiato!

— E si batterà?

— Domani, alla pistola.

— Col tenente De Venera alla pistola?

— Alla pistola.

E dunque il motivo doveva esser gravissimo. Pareva a tutti non si potesse mettere in dubbio una furiosa passione tenuta finora segreta. E forse le aveva gridato in faccia « *Stupida!* » perché ella, invece di lui, amava il tenente De Venera. Era chiaro! E veramente tutti in paese giudicavano che soltanto una stupida si potesse innamorare di quel ridicolissimo De Venera. Ma non lo poteva credere lui, naturalmente, il De Venera; e perciò aveva preteso una spiegazione.

Dal canto suo, però, la signorina Olga Fanelli giurava e spergiurava con le lagrime agli occhi che non poteva esser quella la ragione dell'ingiuria, perché ella non aveva veduto se non due o tre volte quel giovine, il quale del resto non aveva mai neppure alzato gli occhi a guardarla; e mai e poi mai,[12] neppure per un minimo segno, le aveva dato a vedere di covar per lei quella furiosa passione segreta, che tutti dicevano. Ma che! no! non quella: qualche altra ragione doveva esserci sotto! Ma quale? Per niente non si grida: — *Stupida!* — in faccia a una signorina.

Se tutti, e in ispecie il padre e la madre, i due padrini, il De Venera e la signorina stessa si struggevano di saper la vera ragione dell'ingiuria; più di tutti si struggeva Tommasino di non poterla dire, sicuro com'era che, se l'avesse detta, nessuno la avrebbe creduta, e che anzi a tutti sarebbe sembrato che egli volesse aggiungere a un segreto inconfessabile l'irrisione.

Chi avrebbe infatti creduto che lui, Tommasino Unzio, da qualche tempo in qua, nella crescente e sempre più profonda

H

sua melanconia, si fosse preso d'una tenerissima pietà per tutte
le cose che nascono alla vita e vi durano alcun poco, senza
saper perché, in attesa del deperimento e della morte? Quanto
piú labili e tenui e quasi inconsistenti le forme di vita, tanto
piú lo intenerivano, fino alle lagrime talvolta. Oh! in quanti
modi si nasceva, e per una volta sola, e in quella data forma,
unica, perché mai due forme non erano uguali, e cosí per
poco tempo, per un giorno solo talvolta, e in un piccolissimo
spazio, avendo tutt'intorno, ignoto, l'enorme mondo, la vacuità
enorme e impenetrabile del mistero dell'esistenza. Formichetta,
si nasceva, e moscerino, e filo d'erba. Una formichetta, nel
mondo! nel mondo, un moscerino, un filo d'erba. Il filo d'erba
nasceva, cresceva, fioriva, appassiva; e via per sempre; mai
piú, quello; mai piú!
    Ora, da circa un mese, egli aveva seguito giorno per giorno
la breve storia d'un filo d'erba appunto: d'un filo d'erba
tra due grigi macigni tigrati di musco, dietro la chiesetta abbandonata di Santa Maria di Loreto.
    Lo aveva seguito, quasi con tenerezza materna, nel crescer
lento tra altri piú bassi che gli stavano attorno, e lo aveva
veduto sorgere dapprima timido, nella sua tremula esilità, oltre
i due macigni ingrommati, quasi avesse paura e insieme curiosità d'ammirar lo spettacolo che si spalancava sotto, della
verde, sconfinata pianura; poi, su, su, sempre piú alto, ardito,
baldanzoso, con un pennacchietto rossigno in cima, come una
cresta di galletto.
    E ogni giorno, per una o due ore, contemplandolo e vi-
vendone la vita, aveva con esso tentennato a ogni piú lieve
alito d'aria; trepidando era accorso in qualche giorno di forte
vento, o per paura di non arrivare a tempo a proteggerlo da
una greggiola di capre, che ogni giorno, alla stess'ora, passava
dietro la chiesetta e spesso s'indugiava un po' a strappare tra i
macigni qualche ciuffo d'erba. Finora, cosí il vento come le
capre avevano rispettato quel filo d'erba. E la gioja di Tommasino nel ritrovarlo intatto lí, col suo spavaldo pennacchietto
in cima, era ineffabile. Lo carezzava, lo lisciava con due dita
delicatissime, quasi lo custodiva con l'anima e col fiato; e, nel

lasciarlo, la sera, lo affidava alle prime stelle che spuntavano nel cielo crepuscolare, perché con tutte le altre lo vegliassero durante la notte. E proprio, con gli occhi della mente, da lontano, vedeva quel suo filo d'erba, tra i due macigni, sotto le stelle fitte fitte, sfavillanti nel cielo nero, che lo vegliavano.

Ebbene, quel giorno, venendo alla solita ora per vivere un'ora con quel suo filo d'erba, quand'era già a pochi passi dalla chiesetta, aveva scorto dietro a questa, seduta su uno di quei due macigni, la signorina Olga Fanelli, che forse stava lí a riposarsi un po', prima di riprendere il cammino.

Si era fermato, non osando avvicinarsi, per aspettare ch'ella, riposatasi, gli lasciasse il posto. E difatti, poco dopo, la signorina era sorta in piedi, forse seccata di vedersi spiata da lui: s'era guardata un po' attorno: poi, distrattamente, allungando la mano, aveva strappato giusto quel filo d'erba e se l'era messo tra i denti col pennacchietto ciondolante.

Tommasino Unzio s'era sentito strappar l'anima, e irresistibilmente le aveva gridato: — Stupida! — quand'ella gli era passata davanti, con quel gambo in bocca.

Ora, poteva egli confessare d'avere ingiuriato cosí quella signorina per un filo d'erba?

E il tenente De Venera lo aveva schiaffeggiato.

Tommasino era stanco dell'inutile vita, stanco dell'ingombro di quella sua stupida carne, stanco della baja che tutti gli davano e che sarebbe diventata piú acerba e accanita se egli, dopo gli schiaffi, si fosse ricusato di battersi. Accettò la sfida, ma a patto che le condizioni del duello fossero gravissime. Sapeva che il tenente De Venera era un valentissimo tiratore. Ne dava ogni mattina la prova, durante le istruzioni del Tir'a segno.[13] E volle battersi alla pistola, la mattina appresso, all'alba, proprio là, nel recinto del Tir'a segno.

Una palla in petto. La ferita dapprima, non parve tanto grave; poi s'aggravò. La palla aveva forato il polmone. Una gran febbre; il delirio. Quattro giorni e quattro notti di cure disperate.

La signora Unzio, religiosissima, quando i medici alla fine

dichiararono che non c'era piú nulla da fare, pregò, scongiurò il figliuolo che, almeno prima di morire, volesse ritornare in grazia di Dio. E Tommasino, per contentar la mamma, si piegò a ricevere un confessore.

Quando questo, al letto di morte, gli chiese:

— Ma perché, figliuolo mio? perché?

Tommasino con gli occhi socchiusi, con voce spenta, tra un sospiro ch'era anche sorriso dolcissimo, gli rispose semplicemente:

— Padre, per un filo d'erba...

E tutti credettero ch'egli fino all'ultimo seguitasse a delirare.

IL CAPRETTO NERO

Senza dubbio il signor Charles Trockley ha ragione. Sono anzi
disposto ad ammettere che il signor Charles Trockley non può
aver torto mai, perché la ragione e lui sono una cosa sola. Ogni
mossa, ogni sguardo, ogni parola del signor Charles Trockley
sono cosí rigidi e precisi, cosí ponderati e sicuri, che chiunque,
senz'altro, deve riconoscere che non è possibile che il signor
Charles Trockley, in qual si voglia caso,[1] per ogni questione
che gli sia posta, o incidente che gli occorra, stia dalla parte
del torto.

Io e lui, per portare un esempio, siamo nati lo stesso anno,
lo stesso mese e quasi lo stesso giorno; lui, in Inghilterra, io
in Sicilia. Oggi, quindici di giugno, egli compie quarantotto
anni; quarantotto ne compirò io il giorno ventotto. Bene:
quant'anni avremo, lui il quindici, e io il ventotto di giugno
dell'anno venturo? Il signor Trockley non si perde; non esita
un minuto; con sicura fermezza sostiene che il quindici e il
ventotto di giugno dell'anno venturo lui e io avremo un anno
di piú, vale a dire[2] quarantanove.

È possibile dar torto al signor Charles Trockley?

Il tempo non passa ugualmente per tutti. Io potrei avere da
un sol giorno, da un'ora sola piú danno, che non lui da dieci
anni passati nella rigorosa disciplina del suo benessere; potrei
vivere, per il deplorevole disordine del mio spirito, durante
quest'anno, piú d'una intera vita. Il mio corpo, piú debole e
assai men curato del suo, si è poi, in questi quarantotto anni,
logorato quanto certamente non si logorerà in settanta quello
del signor Trockley. Tanto vero ch'egli,[3] pur coi capelli tutti
bianchi d'argento non ha ancora nel volto di gambero cotto
la minima ruga, e può ancora tirare di scherma ogni mattina
con giovanile agilità.

Ebbene, che importa? Tutte queste considerazioni, ideali e
di fatto, sono per il signor Charles Trockley oziose e lonta-
nissime dalla ragione. La ragione dice al signor Charles

Trockley che io e lui, a conti fatti, il quindici e il ventotto di giugno dell'anno venturo avremo un anno di piú, vale a dire quarantanove.

Premesso questo,[4] udite che cosa è accaduto di recente al signor Charles Trockley, e provatevi, se vi riesce, a dargli torto.

Lo scorso aprile, seguendo il solito itinerario tracciato dal Baedeker[5] per un viaggio in Italia, Miss Ethel Holloway, giovanissima e vivacissima figlia di Sir W. H. Holloway, ricchissimo e autorevolissimo Pari d'Inghilterra, capitò in Sicilia, a Girgenti,[6] per visitarvi i maravigliosi avanzi dell'antica città dorica. Allettata dall'incantevole piaggia tutta in quel mese fiorita del bianco fiore dei mandorli al caldo soffio del mare africano, pensò di fermarsi piú d'un giorno nel grande *Hôtel des Temples* che sorge fuori dell'erta e misera cittaduzza d'oggi, nell'aperta campagna, in luogo amenissimo.

Da ventidue anni il signor Charles Trockley è vice-console d'Inghilterra a Girgenti, e da ventidue anni, ogni giorno, sul tramonto, si reca a piedi, col suo passo elastico e misurato, dalla città alta sul colle alle rovine dei Tempii akragantini,[7] aerei e maestosi su l'aspro ciglione che arresta il declivio della collina accanto, la collina akrea, su cui sorse un tempo, fastosa di marmi, l'antica città da Pindaro[8] esaltata come bellissima tra le città mortali.

Dicevano gli antichi che gli Akragantini mangiavano ogni giorno come se dovessero morire il giorno dopo, e costruivano le loro case come se non dovessero morir mai.[9] Poco ora mangiano, perché grande è la miseria nella città e nelle campagne, e delle case della città antica, dopo tante guerre e sette incendii e altrettanti saccheggi,[10] non resta piú traccia. Sorge al posto di esse un bosco di mandorli e d'olivi saraceni,[11] detto perciò il *Bosco della Cívita.*[12] E i chiomati olivi cinerulei s'avanzano in teoria fin sotto alle colonne dei Tempii maestosi e par che preghino pace per quei clivi abbandonati. Sotto il ciglione scorre, quando può, il fiume Akragas che Pindaro glorificò come ricco di greggi.[13] Qualche greggiòla di capre, attraversa tuttavia il letto sassoso del fiume: s'inerpica sul ciglione roccioso e viene a stendersi e a rugumare il magro pascolo all'ombra solenne dell'antico tempio della Concordia,[14] integro ancora. Il caprajo, bestiale e sonnolento come un arabo, si sdraja anche lui sui gradini del pronao dirupati e trae qualche suono lamentoso dal suo zufolo di canna.

Al signor Charles Trockley questa intrusione delle capre nel tempio è sembrata sempre un'orribile profanazione; e innumerevoli volte ne ha fatto formale denunzia ai custodi dei monumenti, senza ottener mai altra risposta che un sorriso di filosofica indulgenza e un'alzata di spalle. Con veri fremiti d'indignazione il signor Charles Trockley di questi sorrisi e di queste alzate di spalle s'è lagnato con me che qualche volta lo accompagno in quella sua quotidiana passeggiata. Avviene spesso che, o nel tempio della Concordia, o in quello piú su di Hera Lacinia, o nell'altro detto volgarmente dei Giganti,[15] il signor Trockley s'imbatta in comitive di suoi compatriotti, venute a visitare le rovine. E a tutti egli fa notare, con quell'indignazione che il tempo e l'abitudine non hanno ancora per nulla placato o affievolito, la profanazione di quelle capre sdrajate e rugumanti all'ombra delle colonne. Ma non tutti gl'inglesi visitatori, per dir la verità, condividono l'indignazione del signor Trockley. A molti anzi sembra non privo d'una certa poesia il riposo di quelle capre nei Tempii, rimasti come sono ormai solitari in mezzo al grande e smemorato abbandono della campagna. Piú d'uno, con molto scandalo del signor Trockley, di quella vista si mostra anzi lietissimo e ammirato.

Piú di tutti lieta e ammirata se ne mostrò, lo scorso aprile, la giovanissima e vivacissima Miss Ethel Holloway. Anzi, mentre l'indignato vice-console stava a darle alcune preziose notizie archeologiche, di cui né il Baedeker né altra guida hanno ancor fatto tesoro,[16] Miss Ethel Holloway commise l'indelicatezza di voltargli le spalle improvvisamente per correr dietro a un grazioso capretto nero, nato da pochi giorni, che tra le capre sdrajate springava qua e là come se per aria attorno gli danzassero tanti moscerini di luce, e poi di quei suoi salti arditi e scomposti pareva restasse lui stesso sbigottito, ché ancora ogni lieve rumore, ogni alito d'aria, ogni piccola ombra, nello spettacolo per lui tuttora incerto della vita, lo facevano rabbrividire e fremer tutto di timidità.

Quel giorno, io ero col signor Trockley, e se molto mi compiacqui della gioja di quella piccola Miss, cosí di subito innamorata del capretto nero, da volerlo a ogni costo comperare;[17] molto anche mi dolsi di quanto toccò a soffrire al povero signor Charles Trockley.

— Comprare il capretto?

— Sí, sí! comperare subito! subito!

E fremeva tutta anche lei, la piccola Miss, come quella cara bestiolina nera; forse non supponendo neppur lontanamente che non avrebbe potuto fare un dispetto maggiore al signor Trockley, che quelle bestie odia da tanto tempo ferocemente.

Invano il signor Trockley si provò a sconsigliarla, a farle considerare tutti gl'impicci che le sarebbero venuti da quella compera: dovette cedere alla fine e, per rispetto al padre di lei, accostarsi al selvaggio caprajo per trattar l'acquisto del capretto nero.

Miss Ethel Holloway, sborsato il denaro della compera, disse al signor Trockley che avrebbe affidato il suo capretto al direttore dell'*Hôtel des Temples*, e che poi, appena ritornata a Londra, avrebbe telegrafato perché la cara bestiolina, pagate tutte le spese, le fosse al piú presto recapitata; e se ne tornò in carrozza all'albergo, col capretto belante e guizzante tra le braccia.

Vidi, incontro al sole che tramontava fra un mirabile frastaglio di nuvole fantastiche, tutte accese sul mare che ne splendeva sotto[18] come uno smisurato specchio d'oro, vidi nella carrozza nera quella bionda giovinetta gracile e fervida allontanarsi infusa nel nembo di luce sfolgorante; e quasi mi parve un sogno. Poi compresi che, avendo potuto, pur tanto lontana dalla sua patria, dagli aspetti e dagli affetti consueti della sua vita, concepir subito un desiderio cosí vivo, un cosí vivo affetto per un piccolo capretto nero, ella non doveva avere neppure un briciolo di quella solida ragione, che con tanta gravità governa gli atti, i pensieri, i passi e le parole del signor Charles Trockley.

E che cosa aveva allora al posto della ragione la piccola Miss Ethel Holloway?

Nient'altro che la stupidaggine, sostiene il signor Charles Trockley con un furore a stento contenuto, che quasi quasi fa pena, in un uomo come lui, sempre cosí compassato.

La ragione del furore è nei fatti che son seguiti alla compera di quel capretto nero.

Miss Ethel Holloway partí il giorno dopo da Girgenti. Dalla Sicilia doveva passare in Grecia; dalla Grecia in Egitto; dall'Egitto nelle Indie.

È miracolo che, arrivata sana e salva a Londra su la fine di novembre, dopo circa otto mesi e dopo tante avventure che certamente le saranno occorse in un cosí lungo viaggio, si sia ancora ricordata del capretto nero comperato un giorno lontano tra le rovine dei Tempii akragantini in Sicilia.

Appena arrivata, secondo il convenuto,[19] scrisse per riaverlo al signor Charles Trockley.

L'*Hôtel des Temples* si chiude ogni anno alla metà di giugno per riaprirsi ai primi di novembre. Il direttore, a cui Miss Ethel Holloway aveva affidato il capretto, alla metà di giugno, partendo, lo aveva a sua volta affidato al custode dell'albergo, ma senz'alcuna raccomandazione, mostrandosi anzi seccato piú d'un po' del fastidio che gli aveva dato e seguitava a dargli quella bestiola. Il custode aspettò di giorno in giorno che il vice-console signor Trockley, per come il direttore gli aveva detto, venisse a prendersi il capretto per spedirlo in Inghilterra; poi, non vedendo comparir nessuno, pensò bene, per liberarsene, di darlo in consegna a quello stesso caprajo che lo aveva venduto alla Miss, promettendoglielo in dono se questa, come pareva, non si fosse piú curata di riaverlo, o un compenso per la custodia e la pastura, nel caso che il viceconsole fosse venuto a chiederlo.

Quando, dopo circa otto mesi, arrivò da Londra la lettera di Miss Ethel Holloway, tanto il direttore dell'*Hôtel des*

Temples, quanto il custode, quanto il caprajo si trovarono in un mare di confusione; il primo per aver affidato il capretto al custode; il custode per averlo affidato al caprajo, e questi per averlo a sua volta dato in consegna a un altro caprajo con le stesse promesse fatte a lui dal custode. Di questo secondo caprajo non s'avevano piú notizie. Le ricerche durarono piú d'un mese. Alla fine, un bel giorno, il signor Charles Trockley si vide presentare nella sede del vice-consolato in Girgenti un orribile bestione cornuto, fetido, dal vello stinto rossigno strappato e tutto incrostato di sterco e di mota, il quale, con rochi, profondi e tremuli belati, a testa bassa, minacciosamente, pareva domandasse che cosa si volesse da lui, ridotto per necessità di cose in quello stato, in un luogo cosí strano dalle sue consuetudini.

Ebbene, il signor Charles Trockley, secondo il solito suo,[20] non si sgomentò minimamente a una tale apparizione; non tentennò un momento: fece il conto del tempo trascorso, dai primi d'aprile agli ultimi di dicembre, e concluse che, ragionevolmente, il grazioso capretto nero d'allora poteva esser benissimo quest'immondo bestione d'adesso. E senza neppure un'ombra d'esitazione rispose alla Miss, che subito gliel'avrebbe mandato da Porto Empedocle[21] col primo vapore mercantile inglese di ritorno in Inghilterra. Appese al collo di quell'orribile bestia un cartellino con l'indirizzo di Miss Ethel Holloway e ordinò che fosse trasportata alla marina. Qui, lui stesso, mettendo a grave repentaglio la sua dignità, si tirò dietro con una fune la bestia restía per la banchina del molo, seguito da una frotta di monellacci; la imbarcò sul vapore in partenza, e se ne ritornò a Girgenti, sicurissimo d'aver adempiuto scrupolosamente all'impegno che s'era assunto, non tanto per la deplorevole leggerezza di Miss Ethel Holloway, quanto per il rispetto devuto al padre di lei.

Jeri, il signor Charles Trockley è venuto a trovarmi in casa in tali condizioni d'animo e di corpo, che subito, costernatissimo, io mi son lanciato a sorreggerlo, a farlo sedere, a fargli recare un bicchier d'acqua.

— Per amor di Dio, signor Trockley, che vi è accaduto?

Non potendo ancora parlare, il signor Trockley ha tratto di tasca una lettera e me l'ha porta.

Era di Sir W. H. Holloway, Pari d'Inghilterra, e conteneva una filza di gagliarde insolenze al signor Trockley per l'affronto che questi[22] aveva osato fare alla figliuola Miss Ethel, mandandole quella bestia immonda e spaventosa.

Questo, in ringraziamento di tutti i disturbi, che il povero signor Trockley s'è presi.

Ma che si aspettava dunque quella stupidissima Miss Ethel Holloway? Si aspettava che, a circa undici mesi dalla compera, le arrivasse a Londra quello stesso capretto nero che springava piccolo e lucido, tutto fremente di timedezza tra le colonne dell'antico tempio greco in Sicilia? Possibile? Il signor Charles Trockley non se ne può dar pace.[23]

Nel vedermelo davanti in quello stato, io ho preso a confortarlo del mio meglio, riconoscendo con lui che veramente quella Miss Ethel Holloway dev'essere una creatura, non solo capricciosissima, ma oltre ogni dire[24] irragionevole.

— Stupida! stupida! stupida!

— Diciamo meglio irragionevole, caro signor Trockley, amico mio. Ma vedete, — (mi son permesso d'aggiungere timidamente) — ella, andata via lo scorso aprile con negli occhi e nell'anima l'immagine graziosa di quel capretto nero, non poteva, siamo giusti, far buon viso[25] (cosí irragionevole com'è evidentemente) alla ragione che voi, signor Trockley, le avete posta davanti all'improvviso con quel caprone mostruoso che le avete mandato.

— Ma dunque? — mi ha domandato, rizzandosi e guardandomi con occhio nemico, il signor Trockley. — Che avrei dovuto fare, dunque, secondo voi?

— Non vorrei, signor Trockley, — mi sono affrettato a rispondergli imbarazzato, — non vorrei sembrarvi anch'io irragionevole come la piccola Miss del vostro paese lontano, ma al posto vostro, signor Trockley, sapete che avrei fatto io? O avrei risposto a Miss Ethel Holloway che il grazioso capretto nero era morto per il desiderio de' suoi baci e delle sue carezze;

o avrei comperato un altro capretto nero, piccolo piccolo e lucido, simile in tutto a quello da lei comperato lo scorso aprile e gliel'avrei mandato, sicurissimo che Miss Ethel Holloway non avrebbe affatto pensato che il suo capretto non poteva per undici mesi essersi conservato cosí tal quale. Séguito con ciò, come vedete, a riconoscere che Miss Ethel Holloway è la creatura piú irragionevole di questo mondo e che la ragione sta intera e tutta dalla parte vostra, come sempre, caro signor Trockley, amico mio.

LA CARRIOLA

Quand'ho qualcuno attorno, non la guardo mai;[1] ma sento che mi guarda lei, mi guarda, mi guarda senza staccarmi un momento gli occhi d'addosso.

Vorrei farle intendere, a quattr'occhi,[2] che non è nulla; che stia tranquilla; che non potevo permettermi con altri questo breve atto, che per lei non ha alcuna importanza e per me è tutto. Lo compio ogni giorno al momento opportuno, nel massimo segreto, con spaventosa gioja, perché vi assaporo, tremando, la voluttà d'una divina, cosciente follia, che per un attimo mi libera e mi vendica di tutto.

Dovevo essere sicuro (e la sicurezza mi parve di poterla avere solamente con lei) che questo mio atto non fosse scoperto. Giacché, se scoperto, il danno che ne verrebbe, e non soltanto a me, sarebbe incalcolabile. Sarei un uomo finito. Forse m'acchiapperebbero, mi legherebbero e mi trascinerebbero, atterriti, in un ospizio di matti.

Il terrore da cui tutti sarebbero presi, se questo mio atto fosse scoperto, ecco, lo leggo ora negli occhi della mia vittima.

Sono affidati a me la vita, l'onore, la libertà, gli averi di gente innumerevole che m'assedia dalla mattina alla sera per avere la mia opera, il mio consiglio, la mia assistenza; d'altri doveri altissimi sono gravato, pubblici e privati: ho moglie e figli, che spesso non sanno essere come dovrebbero, e che perciò hanno bisogno d'esser tenuti a freno di continuo dalla mia autorità severa, dall'esempio costante della mia obbedienza inflessibile e inappuntabile a tutti i miei obblighi, uno più serio dell'altro, di marito, di padre, di cittadino, di professore di diritto, d'avvocato. Guai, dunque, se il mio segreto si scoprisse!

La mia vittima non può parlare, è vero. Tuttavia, da qualche giorno, non mi sento più sicuro. Sono costernato e inquieto. Perché, se è vero che non può parlare, mi guarda, mi guarda con tali occhi e in questi occhi è così chiaro il terrore, che temo qualcuno possa da un momento all'altro accorgersene, essere indotto a cercarne la ragione.

Sarei, ripeto, un uomo finito. Il valore dell'atto ch'io compio può essere stimato e apprezzato solamente da quei pochissimi, a cui la vita si sia rivelata come d'un tratto s'è rivelata a me.

Dirlo e farlo intendere, non è facile. Mi proverò.

Ritornavo, quindici giorni or sono, da Perugia,[3] ove mi ero recato per affari della mia professione.

Uno degli obblighi miei piú gravi è quello di non avvertire la stanchezza che m'opprime, il peso enorme di tutti i doveri che mi sono e mi hanno imposto, e di non indulgere minimamente al bisogno di un po' di distrazione, che la mia mente affaticata di tanto in tanto reclama. L'unica[4] che mi possa concedere, quando mi vince troppo la stanchezza per una briga a cui attendo da tempo,[5] è quella di volgermi a un'altra nuova.

M'ero perciò portate in treno, nella busta di cuojo, alcune carte nuove da studiare. A una prima difficoltà incontrata nella lettura, avevo alzato gli occhi e li avevo volti verso il finestrino della vettura. Guardavo fuori, ma non vedevo nulla, assorto in quella difficoltà.

Veramente non potrei dire che non vedessi nulla. Gli occhi vedevano; vedevano e forse godevano per conto loro della grazia e della soavità della campagna umbra. Ma io, certo, non prestavo attenzione a ciò che gli occhi vedevano.

Se non che, a poco a poco, cominciò ad allentarsi in me quella[6] che prestavo alla difficoltà che m'occupava, senza che per questo, intanto, mi s'avvistasse di piú lo spettacolo della campagna, che pur mi passava sotto gli occhi limpido, lieve, riposante.

Non pensavo a ciò che vedevo e non pensai piú a nulla: restai, per un tempo incalcolabile, come in una sospensione vaga e strana, ma pur chiara e placida. Ariosa. Lo spirito mi s'era quasi alienato dai sensi, in una lontananza infinita, ove avvertiva appena, chi sa come, con una delizia che non gli

pareva sua, il brulichío d'una vita diversa, non sua, ma che
avrebbe potuto esser sua, non qua, non ora, ma là, in quel-
l'infinita lontananza; d'una vita remota, che forse era stata
sua, non sapeva come né quando; di cui gli alitava il ricordo
indistinto non d'atti non d'aspetti, ma quasi di desiderii prima
svaniti che sorti; con una pena di non essere, angosciosa, vana
e pur dura, quella stessa dei fiori, forse, che non han potuto
sbocciare; il brulichío, insomma, di una vita che era da vivere,
là lontano lontano, donde accennava con palpiti e guizzi di
luce; e non era nata; nella quale esso, lo spirito, allora sí,
ah, tutto intero e pieno si sarebbe ritrovato; anche per soffrire,
non per godere soltanto, ma di sofferenze veramente sue.

Gli occhi a poco a poco mi si chiusero, senza che me n'ac-
corgessi, e forse seguitai nel sonno il sogno di quella vita che
non era nata. Dico forse, perché, quando mi destai, tutto indolenzito e con la bocca amara, acre e arida, già prossimo
all'arrivo, mi ritrovai d'un tratto in tutt'altro animo, con un
senso d'atroce afa della vita, in un tetro, plumbeo attonimento,
nel quale gli aspetti delle cose piú consuete m'apparvero come
vôtati di ogni senso, eppure, per i miei occhi, d'una gravezza
crudele, insopportabile.

Con quest'animo scesi alla stazione, montai sulla mia auto-
mobile che m'attendeva all'uscita, e m'avviai per ritornare a
casa.

Ebbene, fu nella scala della mia casa; fu sul pianerottolo
innanzi alla mia porta.

Io vidi a un tratto, innanzi a quella porta scura, color di
bronzo, con la targa ovale, d'ottone, su cui è inciso il mio nome,
preceduto dai miei titoli e seguito da' miei attributi scientifici
e professionali, vidi a un tratto, come da fuori, me stesso e la
mia vita, ma per non riconoscermi e per non riconoscerla
come mia.

Spaventosamente d'un tratto mi s'impose la certezza, che
l'uomo che stava davanti a quella porta, con la busta di cuojo
sotto il braccio, l'uomo che abitava là in quella casa, non ero
io, non ero stato mai io. Conobbi d'un tratto d'essere stato
sempre come assente da quella casa, dalla vita di quell'uomo,

non solo, ma veramente e propriamente da ogni vita. Io non avevo mai vissuto; non ero mai stato nella vita; in una vita, intendo, che potessi riconoscer mia, da me voluta e sentita come mia. Anche il mio stesso corpo, la mia figura, quale adesso improvvisamente m'appariva, cosí vestita, cosí messa su,[7] mi parve estranea a me; come se altri me l'avesse imposta e combinata, quella figura, per farmi muovere in una vita non mia, per farmi compiere in quella vita, da cui ero stato sempre assente, atti di presenza,[8] nei quali ora, improvvisa-mente, il mio spirito s'accorgeva di non essersi mai trovato, mai, mai! Chi lo aveva fatto cosí, quell'uomo che figurava me? chi lo aveva voluto cosí? chi cosí lo vestiva e lo calzava? chi lo faceva muovere e parlare cosí? chi gli aveva imposto tutti quei doveri uno piú gravoso e odioso dell'altro? Com-mendatore,[9] professore, avvocato, quell'uomo che tutti cer-cavano, che tutti rispettavano e ammiravano, di cui tutti volevan l'opera, il consiglio, l'assistenza, che tutti si dispu-tavano senza mai dargli un momento di requie, un momento di respiro — ero io? io? propriamente? ma quando mai? E che m'importava di tutte le brighe in cui quell'uomo stava affogato dalla mattina alla sera; di tutto il rispetto, di tutta la con-siderazione di cui godeva, commendatore, professore, avvocato, e della ricchezza e degli onori che gli erano venuti dall'assiduo scrupoloso adempimento di tutti quei doveri, dell'esercizio della sua professione?

Ed erano lí, dietro quella porta che recava su la targa ovale d'ottone il mio nome, erano lí una donna e quattro ragazzi, che vedevano tutti i giorni con un fastidio ch'era il mio stesso, ma che in loro non potevo tollerare, quell'uomo insoffribile che dovevo esser io, e nel quale io ora vedevo un estraneo a me, un nemico. Mia moglie? i miei figli? Ma se non ero stato mai io, veramente, se veramente non ero io (e lo sentivo con spaventosa certezza) quell'uomo insoffribile che stava davanti alla porta; di chi era moglie quella donna, di chi erano figli quei quattro ragazzi? Miei, no! Di quell'uomo, di quell'uomo che il mio spirito, in quel momento, se avesse avuto un corpo, il suo vero corpo, la sua vera figura, avrebbe preso a calci o afferrato, dilacerato, distrutto, insieme con tutte quelle brighe, con tutti quei doveri e gli onori e il rispetto e la ricchezza, e anche la moglie, sí, fors'anche la moglie...

Ma i ragazzi?

Mi portai le mani alle tempie e me le strinsi forte.

No. Non li sentii miei. Ma attraverso un sentimento strano, penoso, angoscioso, di loro, quali essi erano fuori di me, quali me li vedevo ogni giorno davanti, che avevano bisogno di me, delle mie cure, del mio consiglio, del mio lavoro; attraverso questo sentimento e col senso d'atroce afa col quale m'ero destato in treno, mi sentii rientrare in quell'uomo insoffribile che stava davanti alla porta.

Trassi di tasca il chiavino; aprii quella porta e rientrai anche in quella casa e nella vita di prima.

Ora la mia tragedia è questa. Dico mia, ma chi sa di quanti!

Chi vive, quando vive, non si vede: vive... Se uno può vedere la propria vita, è segno che non la vive piú: la subisce, la trascina. Come una cosa morta, la trascina. Perché ogni forma è una morte.[10]

Pochissimi lo sanno; i piú, quasi tutti, lottano, s'affannano per farsi, come dicono, uno stato,[11] per raggiungere una forma; raggiuntala, credono d'aver conquistato la loro vita, e cominciano invece a morire. Non lo sanno, perché non si vedono; perché non riescono a staccarsi piú da quella forma moribonda che hanno raggiunta; non si conoscono per morti e credono d'esser vivi. Solo si conosce chi riesca a veder la forma che si è data o che gli altri gli hanno data, la fortuna, i casi, le condizioni in cui ciascuno è nato. Ma se possiamo vederla, questa forma, è segno che la nostra vita non è piú in essa: perché se fosse, noi non la vedremmo: la vivremmo, questa forma, senza vederla, e morremmo ogni giorno di piú in essa, che è già per sé una morte, senza conoscerla. Possiamo dunque vedere e conoscere soltanto ciò che di noi è morto. Conoscersi è morire.

Il mio caso è anche peggiore. Io vedo non ciò che di me è morto; vedo che non sono mai stato vivo, vedo la forma che

gli altri, non io, mi hanno data, e sento che in questa forma
la mia vita, una mia vera vita, non c'è stata mai. Mi hanno
preso come una materia qualunque, hanno preso un cervello,
un'anima, muscoli, nervi, carne, e li hanno impastati e fog-
giati a piacer loro, perché compissero un lavoro, facessero atti,
obbedissero a obblighi, in cui io mi cerco e non mi trovo. E
grido, l'anima mia grida dentro questa forma morta che mai
non è stata mia: — Ma come? io, questo? io, cosí? ma quando
mai? — E ho nausea, orrore, odio di questo che non sono io,
che non sono stato mai io; di questa forma morta, in cui sono
prigioniero, e da cui non mi posso liberare. Forma gravata
di doveri, che non sento miei, oppressa da brighe di cui non
m'importa nulla, fatta segno d'una considerazione di cui non
so che farmi; forma che è questi doveri, queste brighe, questa
considerazione, fuori di me, sopra di me; cose vuote, cose
morte che mi pesano addosso, mi soffocano, mi schiacciano e
non mi fanno piú respirare.

Liberarmi? Ma nessuno può fare che il fatto sia come non
fatto, e che la morte non sia, quando ci ha preso e ci tiene.

Ci sono i fatti.[12] Quando tu, comunque, hai agito, anche
senza che ti sentissi e ti ritrovassi, dopo, negli atti compiuti;
quello che hai fatto resta, come una prigione per te. E come
spire e tentacoli t'avviluppano le conseguenze delle tue azioni.
E ti grava attorno come un'aria densa, irrespirabile la responsabilità, che per quelle azioni e le conseguenze di esse, non
volute o non prevedute, ti sei assunta. E come puoi piú
liberarti? Come potrei io nella prigione di questa forma non
mia, ma che rappresenta me quale sono per tutti, quale tutti
mi conoscono e mi vogliono e mi rispettano, accogliere e
muovere una vita diversa, una mia vera vita? una vita in una
forma che sento morta, ma che deve sussistere per gli altri,
per tutti quelli che l'hanno messa su e la vogliono cosí a non
altrimenti? Dev'essere questa, per forza. Serve cosí, a mia
moglie, ai miei figli, alla società, cioè ai signori studenti
universitarii della facoltà di legge, ai signori clienti che mi
hanno affidato la vita, l'onore, la libertà, gli averi. Serve cosí,
e non posso mutarla, non posso prenderla a calci e levarmela

dai piedi,[13] ribellarmi, vendicarmi, se non per un attimo solo, ogni giorno, con l'atto che compio nel massimo segreto, cogliendo con trepidazione e circospezione infinita il momento opportuno, che nessuno mi veda.

Ecco. Ho una vecchia cagna lupetta, da undici anni per casa, bianca e nera, grassa, bassa e pelosa, con gli occhi già appannati dalla vecchiaja.

Tra me e lei non c'erano mai stati buoni rapporti. Forse, prima, essa non approvava la mia professione, che non permetteva si facessero rumori per casa; s'era messa però ad approvarla a poco a poco, con la vecchiaja; tanto che, per sfuggire alla tirannia capricciosa dei ragazzi, che vorrebbero ancora ruzzare con lei giú in giardino, aveva preso da un pezzo il partito di rifugiarsi qua nel mio studio da mane a sera, a dormire sul tappeto col musetto aguzzo tra le zampe. Tra tante carte e tanti libri, qua, si sentiva protetta e sicura. Di tratto in tratto schiudeva un occhio a guardarmi, come per dire:

— Bravo, sí, caro: lavora; non ti muovere di lí, perché è sicuro che, finché stai lí a lavorare, nessuno entrerà qui a disturbare il mio sonno.

Così pensava certamente la povera bestia. La tentazione di compiere su lei la mia vendetta mi sorse, quindici giorni or sono, all'improvviso, nel vedermi guardato cosí.

Non le faccio male; non le faccio nulla. Appena posso, appena qualche cliente mi lascia libero un momento, mi alzo cauto, pian piano, dal mio seggiolone, perché nessuno s'accorga che la mia sapienza temuta e ambita, la mia sapienza formidabile di professore di diritto e d'avvocato, la mia austera dignità di marito, di padre, si siano per poco staccate dal trono di questo seggiolone; e in punta di piedi mi reco all'uscio a spiare nel corridojo, se qualcuno non sopravvenga,[14] chiudo l'uscio a chiave, per un momentino solo; gli occhi mi sfavillano di gioja, le mani mi ballano dalla voluttà che sto per concedermi, d'esser pazzo, d'esser pazzo per un attimo solo, d'uscire per un attimo solo dalla prigione di questa forma morta, di distruggere, d'annientare per un attimo solo, beffardamente, questa sapienza, questa dignità che mi soffoca e mi schiaccia; corro a lei, alla cagnetta che dorme sul tappeto; piano, con garbo, le prendo le due zampine di dietro e *le faccio fare la carriola*:[15] le faccio muovere cioè otto o dieci passi, non piú, con le sole zampette davanti, reggendola per quelle di dietro.

Questo è tutto. Non faccio altro. Corro subito a riaprire l'uscio adagio adagio, senza il minimo cricchio, e mi rimetto in trono, sul seggiolone, pronto a ricevere un nuovo cliente, con l'austera dignità di prima, carico come un cannone di tutta la mia sapienza formidabile.

Ma, ecco, la bestia, da quindici giorni, rimane come basita a mirarmi, con quegli occhi appannati, sbarrati dal terrore. Vorrei farle intendere – ripeto – che non è nulla; che stia tranquilla, che non mi guardi cosí.

Comprende, la bestia, la terribilità dell'atto che compio.

Non sarebbe nulla, se per ischerzo glielo facesse uno dei miei ragazzi. Ma sa ch'io non posso scherzare; non le è possibile ammettere che io scherzi, per un momento solo; e séguita maledettamente a guardarmi, atterrita.

Ah, lo volevo dire![1] Lei dunque un uomo pacifico è... Ha perduto il treno?

— Per un minuto, sa? Arrivo alla stazione, e me lo vedo scappare davanti.

— Poteva corrergli dietro!

— Già. È da ridere,[2] lo so. Bastava, santo Dio, che non avessi tutti quegl'impicci di pacchi, pacchetti, pacchettini... Piú carico d'un somaro! Ma le donne – commissioni... commissioni... – non la finiscono piú![3] Tre minuti, creda, appena sceso dalla vettura, per dispormi i nodini di tutti quei pacchetti alle dita: due pacchetti per ogni dito.

— Doveva esser bello... Sa che avrei fatto io? Li avrei lasciati nella vettura.

— E mia moglie? Ah sí! E le mie figliuole? E tutte le loro amiche?

— Strillare! Mi ci sarei spassato un mondo.[4]

— Perché lei forse non sa che cosa diventano le donne in villeggiatura!

— Ma sí che lo so! Appunto perché lo so.[5] Dicono tutte che non avranno bisogno di niente.

— Questo soltanto? Capaci[6] anche di sostenere che ci vanno per risparmiare! Poi, appena arrivano in un paesello qua dei dintorni, piú brutto è, piú misero e lercio, e piú imbizzarriscono a pararlo con tutte le loro galanterie piú vistose! Eh, le donne, caro signore! Ma del resto, è la loro professione... « *Se tu facessi una capatina in città, caro! Avrei proprio bisogno di questo... di quest'altro... e potresti anche, se non ti secca* (caro, il se non ti secca)...[7] *e poi, giacché ci sei, passando di là...* » — Ma come vuoi, cara mia, che in tre ore ti sbrighi tutte codeste faccende? — « *Uh, ma che dici? Prendendo una vettura...* » — Il guajo è, capisce?, che dovendo trattenermi tre ore sole, sono venuto senza le chiavi di casa.

— Oh bella![8] E perciò...

— Ho lasciato tutto quel monte di pacchi e pacchetti in
deposito alla stazione; me ne sono andato a cenare in una
trattoria; poi, per farmi svaporar la stizza, a teatro. Si crepava
dal caldo. All'uscita, dico, che faccio? Andarmene a dormire
in un albergo? Sono già le dodici; alle quattro prendo il
primo treno; per tre orette di sonno, non vale le spesa. E
me ne sono venuto qua. Questo caffè non chiude, è vero?

— Non chiude, nossignore. E cosí, ha lasciato tutti quei
pacchetti in deposito alla stazione?

— Perché? Non sono sicuri? Erano tutti ben legati...

— No no, non dico![9] Eh, ben legati, me l'immagino, con
quell'arte speciale che mettono i giovani di negozio nell'involtare la roba venduta... Che mani! Un bel foglio grande di
carta doppia, rosea, levigata... ch'è per sé stessa un piacere
a vederla... cosí liscia, che uno ci metterebbe la faccia per
sentirne la fresca carezza... La stendono sul banco e poi, con
garbo disinvolto, vi collocano su, in mezzo, la stoffa lieve,
ben ripiegata. Levano prima, da sotto, col dorso della mano,
un lembo; poi, da sopra, vi abbassano l'altro e ci fanno anche,
con svelta grazia, una rimboccaturina, come un di piú,[10] per
amore dell'arte; poi ripiegano da un lato e dall'altro a trian-
golo e cacciano sotto le due punte; allungano una mano alla
scatola dello spago; tirano per farne scorrere quanto basta
a legar l'involto, e legano cosí rapidamente, che lei non
ha neanche il tempo d'ammirar la loro bravura, che già si
vede presentare il pacco col cappio pronto a introdurvi il
dito.

— Eh, si vede che lei ha prestato molta attenzione ai giovani
di negozio...

— Io? Caro signore, giornate intere ci passo. Sono capace
di stare anche un'ora fermo a guardare dentro una bottega,
attraverso la vetrina. Mi ci dimentico.[11] Mi sembra d'essere,
vorrei essere veramente quella stoffa là di seta... quel bordatino... quel nastro rosso o celeste che le giovani di merceria,
dopo averlo misurato sul metro, ha visto come fanno? se lo
raccolgono a numero otto[12] intorno al pollice e al mignolo
della mano sinistra, prima d'incartarlo... Guardo il cliente o

la cliente che escono dalla bottega con l'involto o appeso al
dito o in mano o sotto il braccio... li seguo con gli occhi,
finché non li perdo di vista... immaginando... – uh, quante,
cose immagino! lei non può farsene un'idea. Ma mi serve.
Mi serve questo.

— Le serve? Scusi... che cosa?

— Attaccarmi cosí, dico con l'immaginazione... attaccarmi
alla vita, come un rampicante attorno alle sbarre d'una cancellata. Ah, non lasciarla mai posare un momento, l'immaginazione... aderire, aderire con essa, continuamente, alla vita
degli altri... ma non della gente che conosco. No no. A quella
non potrei! Ne provo un fastidio, se sapesse... una nausea...
Alla vita degli estranei, intorno ai quali la mia immaginazione
può lavorare liberamente, ma non a capriccio, anzi tenendo
conto delle minime apparenze scoperte in questo e in quello.
E sapesse quanto e come lavora! fino a quanto riesco ad
addentrarmi! Vedo la casa di questo e di quello, ci vivo, ci
respiro, fino ad avvertire... sa quel particolare alito che cova
in ogni casa? nella sua, nella mia... Ma nella nostra, noi, non
l'avvertiamo piú perché è l'alito stesso della nostra vita, mi
spiego? Eh, vedo che lei dice di sí...

— Sí, perché... dico, dev'essere un bel piacere, questo che
lei prova, immaginando tante cose...

— Piacere? io?

— Già... mi figuro...

— Ma che piacere![13] Mi dica un po'. È stato mai a consulto
da qualche medico bravo?

— Io no, perché? Non sono mica malato!

— No no! Glielo domando per sapere se ha mai veduto
in casa di questi medici bravi la sala dove i clienti stanno ad
aspettare il loro turno per essere visitati.

— Ah, sí... mi toccò una volta accompagnare una mia
figliuola che soffriva di nervi.

— Bene. Non voglio sapere. Dico, quelle sale... Ci ha fatto
attenzione? Quei divani di stoffa scura, di foggia antica...
quelle seggiole imbottite, spesso scompagne... quelle poltron-
cine... È roba comprata di combinazione, roba di rivendita,[14]

messa lí per i clienti; non appartiene mica alla casa. Il signor dottore ha per sé, per le amiche della sua signora, un ben altro salotto, ricco, splendido. Chi sa come striderebbe qualche seggiola, qualche poltroncina di quel salotto portata qua nella sala dei clienti, a cui basta quell'arredo cosí, alla buona. Vorrei sapere se lei, quando andò per la sua figliuola, guardò attentamente la poltrona o la seggiola su cui stette seduto, aspettando.

— Io no, veramente...

— Eh già, perché lei non era malato... Ma neanche i malati spesso ci badano, compresi come sono del loro male. Eppure quante volte certuni stan lí intenti a guardarsi il dito che fa segni vani sul bracciuolo lustro di quella poltrona su cui stan seduti! Pensano e non vedono. Ma che effetto fa, quando poi si esce dalla visita, riattraversando la sala, il riveder la seggiola su cui poc'anzi, in attesa della sentenza sul nostro male ancora ignoto, stavamo seduti! Ritrovarla occupata da un altro cliente, anch'esso col suo male nascosto; o là, vuota, impassibile, in attesa che un altro qualsiasi venga a occuparla... Ma che dicevamo? Ah, già... Il piacere dell'immaginazione... Chi sa perché, ho pensato subito a una seggiola di queste sale di medici, dove i clienti stanno in attesa del consulto...

— Già... veramente...

— Non capisce? Neanche io. Ma è che certi richiami d'immagini, tra loro lontane, sono cosí particolari a ciascuno di noi, e determinati da ragioni ed esperienze cosí singolari, che l'uno non intenderebbe piú l'altro se, parlando, non ci vietassimo di farne uso. Niente di piú illogico, spesso, di queste analogie. Ma la relazione, forse, può esser questa, guardi: – Avrebbero piacere quelle seggiole d'immaginare chi sia il cliente che viene a seder su loro in attesa del consulto? che male covi dentro? dove andrà, che farà dopo la visita? – Nessun piacere. E cosí io: nessuno! Vengono tanti clienti, ed esse sono là, povere seggiole, per essere occupate. Ebbene, è anche un'occupazione simile la mia. Ora mi occupa questo, ora quello. In questo momento mi sta occupando lei, e creda che non provo nessun piacere del treno che ha perduto, della famiglia che l'aspetta in villeggiatura, di tutti i fastidii che posso supporre in lei...

— Uh, tanti, sa!

— Ringrazii Dio, se sono fastidii soltanto. C'è chi ha di peggio, caro signore. Io le dico che ho bisogno d'attaccarmi con l'immaginazione alla vita altrui, ma cosí, senza piacere, senza punto interessarmene, anzi... anzi... per sentirne il fastidio, per giudicarla sciocca e vana, la vita, cosicché veramente non debba importare a nessuno di finirla. E questo è da dimostrare bene, sa? con prove ed esempii continui a noi stessi, implacabilmente. Perché, caro signore, non sappiamo da che cosa sia fatto, ma c'è, c'è, ce lo sentiamo tutti qua, come un'angoscia nella gola, il gusto della vita, che non si soddisfa mai, che non si può mai soddisfare, perché la vita, nell'atto stesso che la viviamo, è cosí sempre ingorda di sé stessa, che non si lascia assaporare. Il sapore è nel passato, che ci rimane vivo dentro. Il gusto della vita ci viene di là, dai ricordi che ci tengono legati. Ma legati a che cosa? A questa sciocchezza qua... a queste noje... a tante stupide illusioni... insulse occupazioni... Sí sí. Questa che ora qua è una sciocchezza... questa che ora qua è una noja... e arrivo finanche a dire, questa che ora è per noi una sventura, una vera sventura... sissignori, a distanza di quattro, cinque, dieci anni, chi sa che sapore acquisterà... che gusto, queste lagrime... E la vita, perdio, al solo pensiero di perderla... specialmente quando si sa che è questione di giorni... – Ecco... vede là? dico là, a quel cantone... vede quell'ombra malinconica di donna? Ecco, s'è nascosta!

— Come? Chi... chi è che...?

— Non l'ha vista? S'è nascosta...

— Una donna?

— Mia moglie, già...

— Ah! la sua signora?

— Mi sorveglia da lontano. E mi verrebbe,[15] creda, d'andarla a prendere a calci. Ma sarebbe inutile. È come una di quelle cagne sperdute, ostinate, che piú lei le prende a calci, e piú le si attaccano alle calcagna. Ciò che quella donna sta soffrendo per me, lei non se lo può immaginare. Non mangia, non dorme piú... Mi viene appresso, giorno e notte, cosí... a distanza... E si curasse almeno di spolverarsi quella ciabatta[16] che tiene in capo, gli abiti... Non pare piú una donna, ma uno strofinaccio. Le si sono impolverati per sempre anche i capelli, qua sulle tempie; ed ha appena trentaquattro anni. Mi fa una stizza, che lei non può credere. Le salto addosso, certe volte, le grido in faccia: « Stupida! » scrollandola. Si piglia tutto. Resta lí a guardarmi con certi occhi... con certi occhi che, le giuro, mi fan venire qua alle dita una selvaggia voglia di strozzarla. Niente.[17] Aspetta che mi allontani per rimettersi a seguirmi. – Ecco, guardi... sporge di nuovo il capo dal cantone...

— Povera signora...

—Ma che povera signora! Vorrebbe, capisce? ch'io me ne stessi a casa, mi mettessi là fermo placido, come vuole lei, a prendermi tutte le sue piú amorose e sviscerate cure... a goder dell'ordine perfetto di tutte le stanze, della lindura di tutti i mobili, di quel silenzio di specchio che c'era prima in casa mia, misurato dal tic-tac della pendola nel salotto da pranzo... Questo vorrebbe! Io domando ora a lei, per farle intendere l'assurdità... ma no, che dico l'assurdità! la màcabra ferocia di questa pretesa, le domando se crede possibile che le case d'Avezzano, le case di Messina,[18] sapendo del terremoto che di lí a poco le avrebbe sconquassate, avrebbero potuto starsene lí tranquille, sotto la luna, ordinate in fila lungo le strade e le piazze, obbedienti al piano regolatore della commissione edilizia municipale?[19] Case, perdio, di pietra e travi, se ne sarebbero scappate! Immagini i cittadini d'Avezzano, i cittadini di Messina, spogliarsi tranquilli per mettersi a letto, ripiegare gli abiti, metter le scarpe fuori dell'uscio, e cacciandosi sotto le coperte godere del candor fresco delle lenzuola di bucato, con la coscienza che fra poche ore sarebbero morti... Le sembra possibile?

— Ma forse la sua signora...

— Mi lasci dire! Se la morte, signor mio, fosse come uno di quegl'insetti strani, schifosi, che qualcuno inopinatamente

ci scopre addosso... Lei passa per via; un altro passante, al-
l'improvviso, lo ferma e, cauto, con due dita protese, le dice:
« Scusi, permette? lei, egregio signore, ci ha la morte addosso ».
E con quelle due dita protese, gliela piglia e gliela butta
via... Sarebbe magnifica! Ma la morte non è come uno di
questi insetti schifosi. Tanti che passeggiano disinvolti e
alieni, forse ce l'hanno addosso; nessuno la vede; ed essi
pensano intanto tranquilli a ciò che faranno domani o doman
l'altro. Ora io, caro signore, ecco... venga qua... qua, sotto
questo lampione... venga... le faccio vedere una cosa... Guardi
qua, sotto questo baffo... qua, vede che bel tubero[20] violaceo?
Sa come si chiama questo? Ah, un nome dolcissimo...piú dolce
d'una caramella: *Epitelioma*,[21] si chiama. Pronunzii, pronunzii... sentirà che dolcezza: *epiteli-o-ma*... La morte,
capisce? è passata. M'ha ficcato questo fiore in bocca e m'ha
detto: « Tientelo, caro: ripasserò fra otto o dieci mesi! ». Ora
mi dica lei, se, con questo fiore in bocca, io me me posso
stare a casa tranquillo e alieno, come quella disgraziata vorrebbe. Le grido: « Ah sí, e vuoi che ti baci? » – « *Sí, baciami!* »
– Ma sa che ha fatto? Con uno spillo, l'altra settimana, s'è
fatto uno sgraffio qua, sul labbro, e poi m'ha preso la testa:
mi voleva baciare... baciare in bocca... Perché dice che vuol
morire con me. È pazza. A casa io non ci sto. Ho bisogno di
starmene dietro le vetrine delle botteghe, io, ad ammirare la
bravura dei giovani di negozio. Perché, lei lo capisce, se mi si
fa un momento di vuoto dentro... lei lo capisce, posso anche
ammazzare come niente[22] tutta la vita in uno che non conosco...
cavare la rivoltella e ammazzare uno che, come lei, per disgrazia, abbia perduto il treno... No no, non tema, caro signore:
io scherzo! – Me ne vado. Ammazzerei me, se mai... Ma ci
sono, di questi giorni, certe buone albicocche... Come le
mangia lei? con tutta la buccia, è vero? Si spaccano a metà: si
premono con due dita, per lungo, come due labbra succhiose...
Ah, che delizia! – Mi ossequi la sua egregia signora e anche le
sue figliuole in villeggiatura. Me le immagino vestite di
bianco e celeste, in un bel prato verde in ombra... E mi faccia
un piacere, domattina, quando arriverà. Mi figuro che il

paesello disterà un poco dalla stazione... All'alba, lei può far la strada a piedi. Il primo cespuglietto d'erba su la proda. Ne conti i fili per me. Quanti fili saranno, tanti giorni ancora io vivrò. Ma lo scelga bello grosso, mi raccomando. Buona notte, caro signore.

NIENTE

La *botticella*[1] che corre fragorosa nella notte per la vasta piazza deserta, si ferma davanti al freddo chiarore d'una vetrata opaca di farmacia all'angolo di via San Lorenzo. Un signore impellicciato si lancia sulla maniglia di quella vetrata per aprirla. Piega di qua, piega di là – che diavolo? – non s'apre.

— Provi a sonare, — suggerisce il vetturino.

— Dove, come si suona?

— Guardi, c'è lí il pallino. Tiri.

Quel signore tira con furia rabbiosa.

— Bell'assistenza notturna![2]

E le parole, sotto il lume della lanterna rossa, vaporano nel gelo della notte, quasi andandosene in fumo.

Si leva lamentoso dalla prossima stazione il fischio d'un treno in partenza. Il vetturino cava l'orologio; si china verso uno dei fanaletti;[3] dice:

— Eh, vicino le tre...

Alla fine il giovine di farmacia, tutto irto di sonno, col bavero della giacca tirato fin sopra gli orecchi, viene ad aprire.

E subito il signore:

— C'è un medico?

Ma quegli,[4] avvertendo sulla faccia e sulle mani il gelo di fuori, dà indietro, alza le braccia, stringe le pugna e comincia a stropicciarsi gli occhi, sbadigliando:

— A quest'ora?

Poi, per interrompere le proteste dell'avventore, il quale – ma sí, Dio mio, sí – tutta quella furia, sí, con ragione: chi dice di no? – ma dovrebbe pure compatire chi a quell'ora ha anche ragione d'aver sonno[5] – ecco, ecco, si toglie le mani dagli occhi e prima di tutto gli fa cenno d'aspettare; poi, di seguirlo dietro il banco, nel laboratorio della farmacia.

Il vetturino intanto, rimasto fuori, smonta da cassetta e vuole prendersi la soddisfazione di sbottonarsi i calzoni per far lí apertamente, al cospetto della vasta piazza deserta tutta intersecata dai lucidi binarii delle tramvie, quel che di giorno non è lecito senza i debiti ripari.

Perché è pure un piacere, mentre qualcuno si dibatte in preda a qualche briga per cui deve chiedere agli altri soccorso e assistenza, attendere tranquillamente, cosí, alla soddisfazione d'un piccolo bisogno naturale, e veder che tutto rimane al suo posto: là, quei lecci neri in fila che costeggiano la piazza, gli alti tubi di ghisa che sorreggono la trama dei fili tramviari, tutte quelle lune vane in cima ai lampioni, e qua gli uffici della dogana accanto alla stazione.

Il laboratorio della farmacia, dal tetto basso, tutto scaffalato, è quasi al bujo e appestato dal tanfo dei medicinali. Un sudicio lumino a olio, acceso davanti a un'immagine sacra sulla cornice dello scaffale dirimpetto all'entrata, pare non abbia voglia di far lume neanche a sé stesso. La tavola in mezzo, ingombra di bocce, vasetti, bilance, mortai e imbuti, impedisce di vedere in prima se sul logoro divanuccio di cuojo, là sotto a quello scaffale dirimpetto all'entrata, sia rimasto a dormire il medico di guardia.

— Eccolo, c'è — dice il giovine di farmacia, indicando un pezzo d'omone[6] che dorme penosamente, tutto aggruppato e raffagottato, con la faccia schiacciata contro la spalliera.

— E lo chiami, perdio!

— Eh, una parola! Capace di tirarmi un calcio, sa?[7]

— Ma è medico?

— Medico, medico. Il dottor Mangoni.

— E tira calci?

— Capirà, svegliarlo a quest'ora...

— Lo chiamo io!

E il signore, risolutamente, si china sul divanuccio e scuote il dormente.

— Dottore! dottore!

Il dottor Mangoni muggisce dentro la barbaccia arruffata che gl'invade quasi fin sotto gli occhi le guance; poi stringe le pugna sul petto e alza i gomiti per stirarsi; in fine si pone a sedere, curvo, con gli occhi ancora chiusi sotto le sopracciglia spioventi. Uno dei calzoni gli è rimasto tirato sul grosso polpaccio della gamba e scopre le mutande di tela legate all'antica con una cordellina sulla rozza calza nera di cotone.

— Ecco, dottore... subito, la prego, — dice impaziente il signore. — Un caso d'asfissia...

— Col carbone? — domanda il dottore, volgendosi ma senza aprir gli occhi. Alza una mano a un gesto melodrammatico e, provandosi a tirar fuori la voce dalla gola ancora addormentata, accenna l'aria della « Gioconda »: *Suicidio? In questi fieeeriii momenti...* [8]

Quel signore fa un atto di stupore e d'indignazione. Ma il dottor Mangoni, subito, arrovescia indietro il capo e incignando ad aprire un occhio solo:

— Scusi, — dice, — è un suo parente?

— Nossignore! Ma la prego, faccia presto! Le spiegherò strada facendo. [9] Ho qui la vettura. Se ha da prendere qualche cosa...

— Sí, dammi... dammi... — comincia a dire il dottor Mangoni, tentando d'alzarsi, rivolto al giovine di farmacia.

— Penso io, [10] penso io, signor dottore, — risponde quello, girando la chiavetta [11] della luce elettrica e dandosi attorno tutt'a un tratto con una allegra fretta che impressiona l'avventore notturno.

Il dottor Mangoni storce il capo come un bue che si disponga a cozzare, per difendersi gli occhi dalla súbita luce.

— Sí, bravo figliuolo, — dice. — Ma mi hai accecato. Oh, e il mio elmo? dov'è?

L'elmo è il cappello. Lo ha, sí. Per averlo, lo ha: [12] positivo. Ricorda d'averlo posato, prima d'addormentarsi, su lo sgabello accanto al divanuccio. Dov'è andato a finire?

Si mette a cercarlo. Ci si mette anche l'avventore: poi anche il vetturino, entrato a riconfortarsi al caldo della farmacia. E intanto il commesso farmacista ha tutto il tempo di preparare un bel paccone di rimedii urgenti.

— La siringa per le iniezioni, dottore, ce l'ha?

— Io? — si volta a rispondergli il dottor Mangoni con una maraviglia che provoca in quello uno scoppio di risa.

— Bene bene. Dunque, si dice, carte senapate.[13] Otto, basteranno? Caffeina, stricnina. Una *Pravaz*.[14] E l'ossigeno, dottore? Ci vorrà pure un sacco d'ossigeno, mi figuro.

— Il cappello ci vuole! il cappello! il cappello prima di tutto! — grida tra gli sbuffi il dottor Mangoni. E spiega che, tra l'altro, c'è affezionato lui a quel cappello, perché è un cappello storico: comperato circa undici anni addietro in occasione dei solenni funerali di Suor Maria dell'Udienza, superiora del ricovero notturno al vicolo del Falco, in Trastevere,[15] dove si reca spesso a mangiare ottime ciotole di minestra economica, e a dormire, quando non è di guardia nelle farmacie.

Finalmente il cappello è trovato, non lí nel laboratorio ma di là, sotto il banco della farmacia. Ci ha giocato il gattino.

L'avventore freme d'impazienza. Ma un'altra lunga discussione ha luogo, perché il dottor Mangoni, con la tuba tutta ammaccata tra le mani, vuole dimostrare che il gattino, sí, senza dubbio, ci ha giocato, ma che anche lui, il giovine di farmacia, le ha dovuto dare col piede, per giunta, una buona acciaccata sotto il banco. Basta.[16] Un gran pugno allungato dentro la tuba, che per miracolo non la sfonda, e il dottor Mangoni se la butta in capo su le ventitré.[17]

— Ai suoi ordini, pregiatissimo[18] signore!

— Un povero giovine, — prende a dir subito il signore rimontando sulla *botticella* e stendendo la coperta su le gambe del dottore e su le proprie.

— Ah, bravo! Grazie.

— Un povero giovine che m'era stato tanto raccomandato da un mio fratello, perché gli trovassi un collocamento. Eh già, capisce? come se fosse la cosa piú facile del mondo; t-o-to, fatto.[19] La solita storia. Pare che stiano all'altro mondo, quelli della provincia: credono che basti venire a Roma per trovare un impiego: t-o-to, fatto. Anche mio fratello, sissignore! m'ha fatto questo bel regalo. Uno dei soliti spostati, sa: figlio d'un fattore di campagna, morto da due anni al servizio di questo mio fratello. Se ne viene a Roma, a far che? niente, il giornalista, dice. Mi presenta i titoli: la licenza liceale[20] e uno zibaldone di versi. Dice: « Lei mi deve trovar posto in qualche giornale ». Io? Roba da matti![21] Mi metto subito in giro per fargli ottenere il rimpatrio dalla questura.[22] E intanto, potevo lasciarlo in mezzo alla strada, di notte? Quasi nudo, era; morto di freddo, con un abituccio di tela che gli sventolava addosso: e due o tre lire in tasca: non piú di tanto. Gli do alloggio in una mia casetta, qua, a San Lorenzo, affittata a certa gente... lasciamo andare![23] Gentuccia che subaffitta due camerette mobiliate. Non mi pagano la pigione da quattro mesi. Me n'approfitto; lo ficco lí a dormire. E va bene! Passano cinque giorni; non c'è verso d'ottenere il foglio di rimpatrio dalla questura. La meticolosità di questi impiegati: come gli uccelli, sa? cacano da per tutto, scusi![24] Per rilasciare quel foglio debbono far prima non so che pratiche là, al paese;[25] poi qua alla questura. Basta: questa sera ero a teatro, al *Nazionale*. Viene, tutto spaventato, il figlio della mia inquilina a chiamarmi a mezzanotte e un quarto, perché quel disgraziato s'era chiuso in camera, dice, con un braciere[26] acceso. Dalle sette di sera, capisce?

A questo punto il signore si china un poco a guardare nel fondo della vettura il dottore che, durante il racconto, non ha piú dato segno di vita. Temendo che si sia riaddormentato, ripete piú forte:

— Dalle sette di sera!

— Come trotta bene questo cavallino, — gli dice allora il dottore Mangoni, sdrajato voluttuosamente nella vettura.

Quel signore resta, come se al bujo abbia ricevuto un pugno sul naso.

— Ma scusi, dottore, ha sentito?

— Sissignore.

— Dalle sette di sera. Dalle sette a mezzanotte, cinque ore.

— Precise.[27]

— Respira però, sa! Appena appena. È tutto rattrappito, e...

— Che bellezza! Saranno... sí, aspetti, tre... no, che dico tre? cinque anni saranno almeno, che non vado in carrozza. Come ci si va bene!

— Ma scusi, io le sto parlando...

K

— Sissignore. Ma abbia pazienza, che vuole che m'importi la storia di questo disgraziato?

— Per dirle che sono cinque ore...

— E va bene! Adesso vedremo. Crede lei che gli stia rendendo un bel servizio?

— Come?

— Ma sí, scusi! Un ferimento in rissa, una tegola sul capo, una disgrazia qualsiasi... prestare ajuto, chiamare il medico, lo capisco. Ma un pover uomo, scusi, che zitto zitto si accuccia per morire?

— Come! — ripete, vieppiú trasecolato, quel signore.

E il dottor Mangoni, placidissimo:

— Abbia pazienza. Il piú l'aveva fatto, quel poverino. Invece del pane, s'era comperato il carbone. Mi figuro che avrà sprangato l'uscio, no? otturato tutti i buchi; si sarà magari alloppiato prima; erano passate cinque ore; e lei va a disturbarlo sul piú bello![28]

— Lei scherza! — grida il signore.

— No no; dico sul serio.

— Oh perdio! — scatta quello. — Ma sono stato disturbato io, mi sembra! Sono venuti a chiamarmi...

— Capisco, già, a teatro.

— Dovevo lasciarlo morire? E allora, altri impicci, è vero? come se fossero pochi quelli che m'ha dati. Queste cose non si fanno in casa d'altri, scusi!

— Ah, sí, sí; per questa parte, sí, ha ragione, — riconosce con un sospiro il dottor Mangoni. — Se ne poteva andare a morire fuori dai piedi, lei dice. Ha ragione. Ma il letto tenta, sa! Tenta, tenta. Morire per terra come un cane... Lo lasci dire a uno che non ne ha!

— Che cosa?

— Letto.

— Lei?

Il dottor Mangoni tarda a rispondere. Poi, lentamente, col tono di chi ripete una cosa già tant'altre volte detta:

— Dormo dove posso. Mangio quando posso. Vesto come posso.

E subito aggiunge:

— Ma non creda oh, che ne sia afflitto. Tutt'altro. Sono un grand'uomo, io, sa? Ma dimissionario.[29]

Il signore s'incuriosisce di quel bel tipo di medico in cui gli è avvenuto cosí per caso d'imbattersi; e ride, domandando:

— Dimissionario? Come sarebbe a dire[30] dimissionario?

— Che capii a tempo, caro signore, che non metteva conto di nulla.[31] E che anzi, quanto piú ci s'affanna a divenir grandi, e piú si diventa piccoli. Per forza. Ha moglie lei, scusi?

— Io? Sissignore.

— Mi pare che abbia sospirato dicendo sissignore.

— Ma no, non ho sospirato affatto.

— E allora, basta. Se non ha sospirato, non ne parliamo piú.

E il dottor Mangoni torna a rannicchiarsi nel fondo della vettura, dando a vedere cosí che non gli pare piú il caso di seguitare la conversazione. Il signore ci resta male.

— Ma come c'entra mia moglie,[32] scusi?

Il vetturino a questo punto, si volta da cassetta e domanda:

— Insomma, dov'è? A momenti siamo a Campoverano![33]

— Uh, già! — esclama il signore. — Volta! volta! La casa è passata da un pezzo.

— Peccato tornare indietro, — dice il dottor Mangoni, — quando s'è quasi arrivati alla mèta.

Il vetturino volta, bestemmiando.

Una scaletta buja, che pare un antro dirupato: tetra umida fetida.

— Ahi! Maledizione. Diòòòdiodio!

— Che cos'è? s'è fatto male?

— Il piede. Ahiahi. Ma non ci avrebbe un fiammifero, scusi?

— Mannaggia![34] Cerco la scatola. Non la trovo!

Alla fine, un barlume che viene da una porta aperta sul pianerottolo della terza branca.

La sventura, quando entra in una casa, ha questo di particolare: che lascia la porta aperta, cosí che ogni estraneo possa introdursi a curiosare.

Il dottor Mangoni segue zoppicando il signore che attraversa

una squallida saletta con un lumino bianco a petrolio per terra
presso l'entrata; poi, senza chieder permesso a nessuno, un
corridojo bujo, con tre usci: due chiusi, l'altro, in fondo, aperto
e debolmente illuminato. Nello spasimo di quella storta al
piede, trovandosi col sacco dell'ossigeno in mano, gli viene
la tentazione di scaraventarlo alle spalle di quel signore; ma
lo posa per terra, si ferma, si appoggia con una mano al
muro, e con l'altra, tirato su il piede, se lo stringe forte alla
noce, provandosi a muoverlo in qua e in là, col volto tutto
strizzato.

Intanto, nella stanza in fondo al corridojo, è scoppiata, chi
sa perché, una lite tra quel signore e gl'inquilini. Il dottor
Mangoni lascia il piede e fa per muoversi, volendo sapere che
cosa è accaduto, quando si vede venire addosso come una
bufera quel signore che grida:

— Sí, sí, da stupidi![35] da stupidi! da stupidi!

Fa appena a tempo a scansarlo; si volta, lo vede inciampare
nel sacco d'ossigeno:

— Piano! piano, per carità!

Ma che piano! Quello allunga un calcio al sacco; se lo
ritrova tra i piedi; è di nuovo per cadere e, bestemmiando,
scappa via, mentre sulla soglia della stanza in fondo al
corridojo appare un tozzo e goffo vecchio in pantofole e
papalina, con una grossa sciarpa di lana verde al collo, da cui
emerge un faccione tutto enfiato e paonazzo, illuminato dalla
candela stearica, sorretta in una mano.

— Ma scusi... dico, o che era meglio allora,[36] che lo lascia-
vamo morire qua, aspettando il medico?

Il dottor Mangoni crede che si rivolga a lui e gli risponde:

— Eccomi qua, sono io.

Ma quello alza e protende la mano con la stearica; lo osser-
va, e come imbalordito gli domanda:

— Lei? chi?

— Non diceva il medico?

— Ma che medico! ma che medico! — insorge, strillando,
nella camera di là, una voce di donna.

E si precipita nel corridojo la moglie di quel degno vecchio in pantofole e papalina, tutta sussultante, con una nuvola di capelli grigi e ricci per aria, gli occhi affumicati ammaccati e piangenti, la bocca tagliata di traverso,[37] oscenamente dipinta, che le freme convulsa. Sollevando il capo da un lato, per guardare, soggiunge imperiosa:

— Se ne può andare! se ne può andare! Non c'è piú bisogno di lei! L'abbiamo fatto trasportare al Policlinico,[38] perché moriva!

E cozzando in un braccio il marito violentemente:

— Fallo andar via!

Ma il marito dà uno strillo e un balzo perché, cosí cozzato nel braccio, ha avuto sulle dita la sgocciolatura calda della candela.

— Eh, piano, santo Dio!

Il dottor Mangoni protesta, ma senza troppo sdegno, che non è un ladro, né un assassino da esser mandato via a quel modo; che se è venuto, è perché sono andati a chiamarlo in farmacia; che per ora ci ha guadagnato soltanto una storta al piede, per cui chiede che lo lascino sedere almeno per un momento.

— Ma si figuri,[39] qua, venga, s'accomodi, s'accomodi, signor dottore, — s'affretta a dirgli il vecchio, conducendolo nella stanza in fondo al corridojo; mentre la moglie, sempre col capo sollevato da un lato per guardare come una gallina stizzita, lo spia impressionata da tutta quella feroce barba fin sotto gli occhi.

— Bada, oh, se per aver fatto il bene,[40] — dice ora, ammansata, a mo' di scusa, — ci si deve anche prendere i rimproveri.

— Già, i rimproveri, — soggiunge il vecchio cacciando la candela accesa nel bocciuolo della bugia sul tavolino da notte accanto al lettino vuoto, disfatto, i cui guanciali serbano ancora l'impronta delle testa del giovinetto suicida. Quietamente si toglie poi dalle dita le gocce rapprese, e seguita: — Perché dice che nossignori, non si doveva portare all'ospedale, non si doveva.

— Tutto annerito era! — grida, scattando, la moglie. — Ah, quel visino. Pareva succhiato. E che occhi! E quelle

labbra, nere, che scoprivan qua, qua, i denti, appena appena,
Senza piú fiato...

E si copre il volto con le mani.

— Si doveva lasciarlo morire senza ajuto? — ridomanda
placido il vecchio. — Ma sa perché s'è arrabbiato? Perché
sospetta, dice, che quel povero ragazzo sia un figlio bastardo di
suo fratello.

— E ce l'aveva buttato qua,[41] — riprende la moglie balzando in piedi di nuovo, non si sa se per rabbia o per commozione. — Qua, per far nascere in casa mia questa tragedia, che
non finirà per ora, perché la mia figliuola, la maggiore, se n'è
innamorata, capisce? Come una pazza, vedendolo morire – ah,
che spettacolo! – se l'è caricato in collo, io non so com'ha
fatto! se l'è portato via, con l'ajuto del fratello, giú per le scale,
sperando di trovare una carrozza per istrada. Forse l'hanno
trovata. E mi guardi,[42] mi guardi là quell'altra figliuola, come
piange.

Il dottor Mangoni, entrando, ha già intraveduto nell'attigua
saletta da pranzo una figliolona bionda scarmigliata intenta a
leggere, coi gomiti sulla tavola e la testa tra le mani. Legge
e piange, sí; ma col corpetto sbottonato e le rosee esuberanti
rotondità del seno quasi tutte scoperte sotto il lume giallo
della lampada a sospensione.

Il vecchio padre, a cui il dottor Mangoni ora si volta come
intronato, fa con le mani gesti di grande ammirazione. Sul
seno della figliuola? No. Su ciò che la figliuola sta leggendo
di là fra tante lagrime. Le poesie del giovinetto.

— Un poeta! — esclama. — Un poeta, che se lei sentisse...
Oh, cose! cose![43] Me ne intendo, perché professore di belle
lettere a riposo. Cose grandi, cose grandi.

E si reca di là per prendere alcune di quelle poesie; ma la
figliuola con rabbia se le difende, per paura che la sorella maggiore, ritornando col fratello dall'ospedale, non gliele lascerà
piú leggere, perché vorrà tenersele per sé gelosamente, come
un tesoro di cui lei sola dev'esser l'erede.

— Almeno qualcuna di queste che hai già lette, — insiste
timidamente il padre.

Ma quella, curva con tutto il seno su le carte, pesta un piede e grida: — No! — Poi le raccoglie dalla tavola, se le rimpreme con le mani sul seno scoperto e se le porta via in un'altra stanza di là.

Il dottor Mangoni si volta allora a guardar di nuovo quella tristezza di lettino vuoto, che rende vana la sua visita; poi guarda la finestra che, non ostante il gelo della notte, è rimasta aperta in quella lugubre stanza per farne svaporare il puzzo del carbone.

La luna rischiara il vano di quella finestra. Nella notte alta, la luna. Il dottor Mangoni se la immagina, come tante volte, errando per vie remote, l'ha veduta, quando gli uomini dormono e non la vedono piú, inabissata e come smarrita nella sommità dei cieli.

Lo squallore di quella stanza, di tutta quella casa, che è una delle tante case degli uomini, dove ballonchiano tentatrici, a perpetuare l'inconcludente miseria della vita, due mammelle di donna come quelle ch'egli ha or ora intravedute sotto il lume della lampada a sospensione nella stanza di là, gl'infonde un cosí frigido scoraggiamento e insieme una cosí acre irritazione, che non gli è piú possibile rimanere seduto.

Si alza, sbuffando, per andarsene. Infine, via,[44] e uno dei tanti casi che gli sogliono capitare, stando di guardia nelle farmacie notturne. Forse un po' piú triste degli altri, a pensare che probabilmente, chi sa! era un poeta davvero quel povero ragazzo. Ma, in questo caso, meglio cosí: che sia morto.

— Senta, — dice al vecchio che s'è alzato anche lui per riprendere in mano la candela. — Quel signore che li ha rimproverati e che è venuto a scomodarmi in farmacia, dev'essere veramente un imbecille. Aspetti: mi lasci dire. Non già perché li ha rimproverati, ma perché gli ho domandato se aveva moglie, e mi ha risposto di sí; ma senza sospirare. Ha capito?

Il vecchio lo guarda a bocca aperta. Evidentemente non capisce. Capisce la moglie, che salta su a domandargli:

— Perché chi dice d'aver moglie, secondo lei, dovrebbe sospirare?

E il dottor Mangoni, pronto:

— Come m'immagino che sospira lei, cara signora, se qualcuno le domanda se ha marito.

E glielo addita. Poi riprende:

— Scusi, a quel giovinetto, se non si fosse ucciso, lei avrebbe dato in moglie la sua figliuola?

Quella lo guarda un pezzo, di traverso, e poi, come a sfida, gli risponde:

— E perché no?

— E se lo sarebbero preso qua con loro in questa casa? — torna a domandare il dottor Mangoni.

E quella, di nuovo:

— E perché no?

— E lei, — domanda ancora il dottor Mangoni, rivolto al vecchio marito, — lei che se n'intende, professore di belle lettere a riposo, gli avrebbe anche consigliato di stampare quelle sue poesie?

Per non esser da meno della moglie,[45] il vecchio risponde anche lui:

— E perché no?

— E allora, — conclude il dottor Mangoni, — me ne dispiace, ma debbo dir loro, che sono per lo meno due volte piú imbecilli di quel signore.

E volta le spalle per andarsene.

— Si può sapere perché? — gli grida dietro la donna inviperita.

Il dottor Mangoni si ferma e le risponde pacatamente:

— Abbia pazienza. Mi ammetterà che quel povero ragazzo sognava forse la gloria, se faceva poesie. Ora pensi un po' che cosa gli sarebbe diventata la gloria, facendo stampare quelle sue poesie. Un povero, inutile volumetto di versi. E l'amore? L'amore che è la cosa piú viva e piú santa che ci sia dato provare sulla terra? Che cosa gli sarebbe diventato? L'amore: una donna. Anzi, peggio, una moglie: la sua figliuola.

— Oh! oh! — minaccia quella, venendogli quasi con le mani in faccia. — Badi come parla della mia figliuola!

— Non dico niente, — s'affretta a protestare il dottor Mangoni. — Me l'immagino anzi bellissima e adorna di tutte le virtú. Ma sempre una donna, cara signora mia: che dopo un po', santo Dio, lo sappiamo bene, con la miseria e i figiuoli, come si sarebbe ridotta. E il mondo, dica un po'? Il mondo, dove io adesso con questo piede che mi fa tanto male mi vado a perdere; il mondo veda lei, veda lei, signora cara, che cosa gli sarebbe diventato! Una casa. Questa casa. Ha capito?

E facendo scattar le mani in curiosi gesti di nausea e di sdegno, se ne va, zoppicando e borbottando:

— Che libri! Che donne! Che casa! Niente... niente... niente... Dimissionario! dimissionario! Niente.

Un cane, davanti una porta chiusa, s'accula paziente aspettando che gli s'apra; al piú, alza ogni tanto una zampa e la gratta, emettendo qualche sommesso guaíto.

Cane,[1] sa che non può fare di piú.

Di ritorno dalle lezioni del pomeriggio, Cinci, col fagotto dei libri e dei quaderni legati con la cinghia[2] sotto il braccio, trova il cane lí davanti alla porta e, irritato da quell'attesa paziente – un calcio; calci anche alla porta, pur sapendo che è chiusa a chiave e che in casa non c'è nessuno; alla fine, ciò che gli pesa di piú, quel fagotto di libri, rabbiosamente per sbarazzarsene lo scaraventa contro la porta, come se attraverso il legno possa passare e andare a finir dentro casa. La porta, invece, con la stessa forza glielo rimanda subito sul petto. Cinci ne resta sorpreso, come d'un bel gioco che la porta gli abbia proposto, e rilancia il fagotto. Allora, poiché già sono in tre a giocare, Cinci il fagotto e la porta, ci si mette anche il cane e springa a ogni lancio, a ogni rimbalzo, abbajando. Qualche passante si ferma a guardare: chi sorride, quasi avvilito della sciocchezza di quel gioco e del cane che ci si diverte; chi s'indigna per quei poveri libri; costano danari; non dovrebbe esser lecito trattarli con tanto disprezzo. Cinci leva lo spettacolo;[3] a terra il fagotto e, strisciando con la schiena sul muro, ci si cala a sedere; ma il fagotto gli sguscia di sotto e lui sbatte a sedere[4] in terra; fa un sorriso balordo e si guarda attorno, mentre il cane salta indietro e lo mira.

Tutte le diavolerie che gli passano per il capo Cinci le dà quasi a vedere in quei ciuffi scompigliati dei suoi capelli di stoppa e negli occhi verdi aguzzi che sembrano vermicarne. È nell'età sgraziata della crescenza, ispido e giallo. Tornando a scuola, quel pomeriggio, ha dimenticato a casa il fazzoletto, per cui ora, di tanto in tanto, lí seduto a terra, sorsa col naso. Si far venire quasi sulla faccia le ginocchia enormi delle grosse gambe scoperte perché porta ancora, e non dovrebbe piú, i calzoni corti. Butta sbiechi i piedi, camminando; e non ci sono scarpe che gli durino; queste che ha ai piedi sono già rotte. Ora, stufo, s'abbraccia le gambe, sbuffa e si tira su con la schiena contro il muro. Si leva anche il cane e pare gli domandi dove si vada adesso. Dove? In campagna, a far merenda, rubando qualche fico o qualche mela. È un'idea; non ne è ancora ben sicuro.

Il lastricato della strada finisce lí, dopo la casa; poi comincia la via sterrata del sobborgo che conduce in fondo in fondo alla campagna. Chi sa che bella sensazione deve provarsi, andando in carrozza, quando i ferri dei cavalli e le ruote passano dal duro del lastricato strepitoso al molle silenzioso dello sterrato. Sarà forse come quando il professore, dopo aver tanto sgridato perché lui l'ha fatto arrabbiare, tutt'a un tratto si mette a parlargli con una molle bontà soffusa di rassegnata malinconia, che tanto piú gli piace quanto piú l'allontana dal temuto castigo. Sí, andare in campagna; uscire dallo stretto delle ultime case di quel puzzolente sobborgo, fin dove la via allarga laggiú nella piazzetta all'uscita del paese. C'è ora l'ospedale nuovo laggiú, i cui muri intonacati di calce sono ancora cosí bianchi che al sole bisogna chiudere gli occhi, da come accecano.[5] Vi hanno trasportato ultimamente tutti gli ammalati che erano nel vecchio, con le ambulanze e le lettighe;[6] è parsa quasi una festa, vederne tante in fila; le ambulanze avanti, con tutte le tele svolazzanti ai finestrini; e, per gli ammalati piú gravi, quelle belle lettighe traballanti sulle molle, come ragni. Ma ora è tardi; il sole sta per tramontare, e qua e là ai finestroni non staranno piú affacciati i convalescenti, in càmice grigio e zucchetto bianco, a guardare con tristezza la chiesina vecchia dirimpetto, che sorge là tra poche altre case, vecchie anch'esse, e qualche albero. Dopo quella piazzetta la strada si fa di campagna[7] e monta alla costa del poggio.

Cinci si ferma; torna a sbuffare. Ci deve andare davvero? Si riavvia svogliato, perché comincia a sentirsi ribollire nelle viscere tutto il cattivo che gli viene da tante cose che non sa spiegarsi: sua madre, come viva, di che viva, sempre fuori di casa, e ostinata a mandarlo ancora a scuola; maledetta, cosí lontana: ogni giorno, a volare,[8] almeno tre quarti d'ora, di

quaggiú dove sta, per arrivarci; e poi per tornare a mezzogiorno; e poi di nuovo per ritornarci, finito che ha di buttar
giú due bocconi; come fare a tempo? e sua madre dice che il
tempo gli passa a giocare col cane, e che è un bighellone, e
insomma a sbattergli in faccia sempre le stesse cose:[9] che non
studia, che è sudicio, che se lo manda a comprare qualcosa, la
peggio roba l'appiccicano a lui...[10]

Dov'è *Fox?*

Eccolo: gli trotta dietro, povera bestia. Eh, lui almeno lo
sa che cosa deve fare: seguire il suo padrone. Fare qualche
cosa: la smania è proprio questa: non sapere che cosa. Potrebbe pur lasciargliela, sua madre, la chiave, quando va a
cucire a giornata, come gli dà a intendere, nelle case dei signori.
Ma no, dice che non si fida, e che al suo ritorno dalla scuola,
se lei non è rincasata, poco potrà tardare, e che dunque l'aspetti.
Dove? Lí fermo davanti alla porta? Certe volte ha aspettato
perfino due ore, al freddo, e anche sotto la pioggia; e apposta
allora, in luogo di ripararsi, è andato al cantone a pigliarsi lo
sgrondo, per farsi trovare da lei tutto intinto da strizzare.[11]
Vederla alla fine arrivare, affannata, con un ombrello prestato,
il volto in fiamme, gli occhi lustri sfuggenti, e cosí nervosa che
non trova neanche piú la chiave nella borsetta.

— Ti sei bagnato? Abbi pazienza, ho dovuto far tardi.

Cinci aggrotta le ciglia. A certe cose non vuol pensare. Ma
suo padre, lui, non l'ha conosciuto; gli è stato detto che è
morto, prima ancora che lui nascesse; ma chi era non gli è
stato detto; e ora lui non vuole piú né domandarlo né saperlo.
Può essere anche quell'accidentato che si trascina perso da una
parte[12] – sí, bravo – ancora alla taverna. *Fox* gli si para davanti
e gli abbaja. Gli farà impressione la stampella.[13] Ed ecco qua
tutte queste donne a crocchio, con tanto di pancia[14] senz'esser
gravide; forse una sí; quella con la sottana rizzata davanti un
palmo dal suolo e che dietro spazza la strada; e quest'altra col
bambino in braccio che ora cava dal busto... ah, peuh, che
pellàncica![15] La sua mamma è bella, ancora tanto giovane, e a
lui bambino il latte, cosí dal seno, lo diede anche lei, forse in
una casa di campagna, in un'aja, al sole. Ha il ricordo vago

d'una casa di campagna, Cinci; dove forse, se non l'ha sognata, abitò nell'infanzia, o che forse vide allora in qualche parte, chi sa dove. Certo ora, a guardarle da lontano, le case di campagna, sente la malinconia che deve invaderle quando comincia a farsi sera, col lume che vi s'accende a petrolio, di quelli che si portano a mano da questa stanza a quella, che si vedono scomparire da una finestra e ricomparire dall'altra.

È arrivato alla piazzetta. Ora si vede tutta la cala del cielo dove il tramonto s'è già ammorzato, e sopra il poggio, che pare nero, il celeste tenero tenero. Sulla terra è già l'ombra della sera, e il grande muro bianco dell'ospedale è illividito. Qualche vecchia in ritardo s'affretta alla chiesina per il Vespro. Cinci d'improvviso s'invoglia d'entrarci anche lui, e *Fox* si ferma a guardarlo, perché sa bene che a lui non è permesso. Davanti all'entrata la vecchina in ritardo s'affanna e pígola alle prese col coltrone di cuojo[16] troppo pesante. Cinci l'ajuta a sollevarlo, ma quella invece di ringraziarlo, lo guarda male, perché capisce che non entra in chiesa per divozione. La chiesina ha il rigido d'una grotta;[17] sull'altare maggiore i guizzi baluginanti di due ceri e qua e là qualche lampadino smarrito. Ha preso tanta polvere, povera chiesina, per la vecchiaja; e la polvere sa d'appassito[18] in quella cruda umidità; il silenzio tenebroso pare che stia con tutti gli echi in agguato d'ogni minimo rumore. Cinci ha la tentazione di gettare un bercio per farli tutti sobbalzare. Le beghine si sono infilate nelle panche, ciascuna al suo posto. Il bercio no, ma gettare a terra quel fagotto di libri che gli pesa, come se gli cadesse per caso di mano, perché no? Lo getta, e subito gli echi saltano addosso al colpo che rintrona e lo schiacciano, quasi con dispetto. Questa dell'eco che salta addosso a un rumore come un cane infastidito nel sonno e lo schiaccia, è un'esperienza che Cinci ha fatta con gusto altre volte. Non bisogna abusare della pazienza delle povere beghine scandalizzate. Esce dalla chiesina; ritrova *Fox* pronto a seguirlo e riprende la strada che sale al poggio. Qualche frutto da addentare bisogna che lo trovi, scavalcando piú là una muriccia e buttandosi tra gli alberi. Ha lo struggimento; ma non sa propriamente se per bisogno di mangiare o per quella smania che gli s'è messa allo stomaco, di fare qualche cosa.

Strada di campagna, in salita, solitaria; ciottoli che gli asinelli alle volte si prendono tra gli zoccoli e fanno ruzzolare per un tratto e poi, dove si fermano, stanno; eccone uno lí: un colpo con la punta della scarpa: godi, vola![19] erba che spunta sulle prode o a piè delle muricce, lunghi fili d'avena impennacchiati che fa piacere brucare: tutti i pennacchietti restano a mazzo nelle dita; si gettano addosso a qualcuno, e quanti se n'attaccano, tanti mariti (se è una donna) prenderà, e tante mogli se un uomo. Cinci vuol far la prova su *Fox*. Sette mogli, nientemeno. Ma non è prova, perché sul pelo nero di *Fox* son rimasti impigliati tutti quanti. E *Fox*, vecchio stupido, ha chiuso gli occhi ed è rimasto, senza capir lo scherzo, con quelle sette mogli addosso.

Non ha piú voglia d'andare avanti, Cinci. È stanco e seccato. Si tira a sedere sulla muriccia a manca della strada e di là si mette a guardare nel cielo la larva della luna che comincia appena appena a ravvivarsi d'un pallido oro nel verde che s'estenua nel crepuscolo morente. La vede e non la vede; come le cose che gli vagano nella mente e l'una si cangia nell'altra e tutte l'allontanano sempre piú dal suo corpo lí seduto inerte, tanto che non se lo sente piú; la sua stessa mano, se gli s'avvistasse, posata sul ginocchio, gli sembrerebbe quella d'un estraneo, o quel suo piede penzoloni nella scarpa rotta, sporca: non è piú nel suo corpo, è nelle cose che vede e non vede, il cielo morente, la luna che s'accende, e là quelle masse cupe d'alberi che si stagliano nell'aria fatta vana, e qua la terra solla, nera, zappata da poco, da cui esala ancora quel senso d'umido corrotto nell'afa delle ultime giornate d'ottobre, ancora di sole caldo.

A un tratto, tutt'assorto com'è, chi sa che gli passa per le carni, stolza, e istintivamente alza la mano a un orecchio. Una risatina stride da sotto la muriccia. Un ragazzo della sua età, contadinotto, s'è nascosto laggiú, dalla parte della campagna. Ha strappato e brucato anche lui un lungo filo d'avena, gli ha fatto un cappio in cima e, zitto zitto, con esso, alzando il braccio, ha tentato d'accappiare a Cinci l'orecchio. Appena Cinci, risentito, si volta, subito quello gli fa cenno di tacere e tende il filo d'avena lungo la muriccia, dove tra una pietra e l'altra spunta il musetto d'una lucertola, a cui con quel cappio egli dà la caccia da un'ora. Cinci si sporge a guardare, ansioso. La bestiola, senz'accorgersene, ha infilato da sé il capo nel cappio lí appostato; ma ancora è poco; bisogna aspettare che lo sporga un tantino di piú, e può darsi che invece lo ritragga, se la mano che regge il filo d'avena trémola e le fa avvertire l'insidia. Forse ora è sul punto d'assaettarsi per evadere da quel rifugio divenuto una prigione. Sí, sí; ma attenti allora[20] a dare a tempo la stratta per accappiarla. È un attimo.[21] Eccola! E la lucertola guizza come un pesciolino in cima a quel filo d'avena. Irresistibilmente Cinci salta giú dalla muriccia; ma l'altro, forse temendo che voglia impadronirsi della bestiola, rotea piú volte in aria il braccio e poi la sbatte con ferocia su un lastrone che si trova lí tra gli sterpi. — No! — grida Cinci; ma è troppo tardi: la lucertola giace immobile su quel lastrone col bianco della pancia al lume della luna. Cinci se ne adira. Ha voluto sí, anche lui, che quella povera bestiola fosse presa, preso lui stesso per un momento da quell'istinto della caccia che è in tutti agguattato; ma ucciderla cosí, senza prima vederla da vicino, negli occhietti acuti fino allo spasimo, nel palpito dei fianchi, nel fremito di tutto il verde corpicciuolo; no, è stato stupido e vile. E Cinci avventa con tutta la forza un pugno in petto a quel ragazzo e lo manda a ruzzolare in terra tanto piú lontano quanto piú quegli, cosí tutto squilibrato indietro, tenta di riprendersi per non cadere. Ma caduto, subito si rizza inferocito, ghermisce un toffo di terra e lo scaglia in faccia a Cinci, che ne resta accecato e con quel senso d'umido in bocca che piú gli sa di sfregio[22] e l'imbestialisce. Prende anche lui di quella terra e la scaglia. Il duello si fa subito accanito. Ma l'altro è piú svelto e piú bravo; non fallisce colpo, e gli viene sempre piú addosso, avanzando, con quei toffi di terra che, se non feriscono, percuotono sordi e duri e, sgretolandosi, sono come una grandinata da per tutto, in petto e sulla faccia tra i capelli agli orecchi e fin dentro le scarpe. Soffocato, non sapendo piú come ripararsi e difendersi, Cinci, furibondo, si volta, spicca un salto e col braccio alzato strappa una pietra dalla muriccia. Qualcuno di là si ritrae: sarà *Fox*. Scagliata la pietra, d'un tratto – com'è? – da che tutto[23] prima gli si sconvolgeva, balzandogli davanti agli occhi, quelle masse d'alberi, in cielo la luna come uno striscio di luce, ora ecco nulla si muove piú, quasi che il tempo stesso e tutte le cose si siano fermanti in uno stupore attonito intorno a quel ragazzo traboccato a terra. Cinci, ancora ansante e col cuore in gola, mira esterrefatto, addossato alla muriccia, quell'incredibile immobilità silenziosa della campagna sotto la luna, quel ragazzo che vi giace con la faccia mezzo nascosta nella terra, e sente crescere in sé formidabilmente il senso d'una solitudine eterna, da cui deve subito fuggire. Non è stato lui; lui non l'ha voluto; non ne sa nulla. E allora, proprio come se non sia stato lui, proprio come se s'appressi per curiosità, muove un passo e poi un altro, e si china a guardare. Il ragazzo ha la testa sfragellata, la bocca nel sangue colato a terra nero, una gamba un po' scoperta, tra il calzone che s'è ritirato e la calza di cotone. Morto, come da sempre. Tutto resta lí, come un sogno. Bisogna che lui se ne svegli per andar via in tempo. Lí, come in un sogno, quella lucertola arrovesciata sul lastrone, con la pancia alla luna e il filo di avena che pende ancora dal collo. Lui se ne va, col suo fagotto di libri di nuovo sotto il braccio, e *Fox* dietro, che anche lui non sa nulla.

A mano a mano che s'allontana, discendendo dal poggio, diviene sempre piú cosí stranamente sicuro, che non s'affretta nemmeno. Arriva alla piazzetta deserta; c'è anche qui la luna; ma è un'altra, se ora qui rischiara, senza saper nulla, la bianca facciata dell'ospedale. Ecco ora la via del sobborgo, come prima. Arriva a casa: sua madre non è ancora rientrata. Non dovrà dunque dirle neppure dove è stato. È stato lí ad aspettarla. E questo, che ora diventa vero per sua madre, diventa subito vero anche per lui; difatti, eccolo con le spalle appoggiate al muro accanto alla porta.

Basterà che si faccia trovare cosí.

LA CASA DELL'AGONIA

Il visitatore, entrando, aveva detto certamente il suo nome; ma la vecchia negra sbilenca venuta ad aprir la porta come una scimmia col grembiule, o non aveva inteso o l'aveva dimenticato; sicché da tre quarti d'ora per tutta quella casa silenziosa lui era, senza piú nome, « un signore che aspetta di là ».[1]

Di là, voleva dire nel salotto.

In casa, oltre quella negra che doveva essersi rintanata in cucina, non c'era nessuno; e il silenzio era tanto, che un tictac lento di antica pendola, forse nella sala da pranzo, s'udiva spiccato in tutte le altre stanze, come il battito del cuore della casa; e pareva che i mobili di ciascuna stanza, anche delle piú remote, consunti ma ben curati, tutti un po' ridicoli perché d'una foggia ormai passata di moda, stessero ad ascoltarlo, rassicurati che nulla in quella casa sarebbe mai avvenuto e che essi perciò sarebbero rimasti sempre cosí, inutili, ad ammirarsi o a commiserarsi tra loro, o meglio anche a sonnecchiare.

Hanno una loro anima anche i mobili, specialmente i vecchi, che vien loro dai ricordi della casa dove sono stati per tanto tempo. Basta, per accorgersene, che un mobile nuovo sia introdotto tra essi.

Un mobile nuovo è ancora senz'anima, ma già, per il solo fatto ch'è stato scelto e comperato, con un desiderio ansioso d'averla.

Ebbene, osservare come subito i mobili vecchi lo guardano male: lo considerano quale un intruso pretenzioso che ancora non sa nulla e non può dir nulla; e chi sa che illusioni intanto si fa. Loro, i mobili vecchi, non se ne fanno piú nessuna e sono perciò cosí tristi: sanno che col tempo i ricordi cominciano a affievolirsi e che con essi anche la loro anima a poco a poco s'affievolirà; per cui restano lí, scoloriti se di stoffa e, se di legno, incupiti, senza dir piú nulla nemmeno loro.

Se mai per disgrazia qualche ricordo persiste e non è piacevole, corrono il rischio d'esser buttati via.

Quella vecchia poltrona, per esempio, prova un vero struggimento a vedere la polvere che le tarme fanno venir fuori in tanti mucchietti sul piano del tavolinetto che le sta davanti e a cui è molto affezionata. Lei sa d'esser troppo pesante; conosce la debolezza delle sue corte cianche, specialmente delle due di dietro; teme d'esser presa, non sia mai,[2] per la spalliera e trascinata fuor di posto; con quel tavolinetto davanti si sente piú sicura, riparata; e non vorrebbe che le tarme, facendogli fare una cosí cattiva figure con tutti quei buffi mucchietti di polvere sul piano, lo facessero anche prendere e buttare in soffitta.

Tutte queste osservazioni e considerazioni erano fatte dall'anonimo visitatore dimenticato nel salotto.

Quasi assorbito dal silenzio della casa, costui, come vi aveva già perduto il nome, cosí pareva vi avesse anche perduto la persona e fosse diventato anche lui uno di quei mobili in cui s'era tanto immedesimato, intento ad ascoltare il tic-tac lento della pendola che arrivava spiccato fin lí nel salotto attraverso l'uscio rimasto semichiuso.

Esiguo di corpo, spariva nella grande poltrona cupa di velluto viola sulla quale s'era messo a sedere. Spariva anche nell'abito che indossava. I braccini, le gambine si doveva quasi cercarglieli nelle maniche e nei calzoni. Era soltanto una testa calva, con due occhi aguzzi e due baffetti di topo.

Certo il padrone di casa non aveva piú pensato all'invito che gli aveva fatto di venirlo a trovare; e già piú volte l'ometto si era domandato se aveva ancora il diritto di star lí ad aspettarlo, trascorsa oltre ogni termine di comporto l'ora fissata nell'invito.[3]

Ma lui non aspettava piú adesso il padrone di casa. Se anzi questo fosse finalmente sopravvenuto, lui ne avrebbe provato dispiacere.

Lí confuso con la poltrona su cui sedeva, con una fissità spasimosa negli occhietti aguzzi e un'angoscia di punto in

punto crescente che gli toglieva il respiro, lui aspettava un'altra
cosa, terribile: un grido dalla strada un grido che gli annun-
ziasse la morte di qualcuno; la morte d'un viandante qualunque
che al momento giusto, tra i tanti che andavano giú per la
strada, uomini, donne, giovani, vecchi, ragazzi, di cui gli
arrivava fin lassú confuso il brusío, si trovasse a passare sotto
la finestra di quel salotto al quinto piano.

E tutto questo, perché un grosso gatto bigio era entrato,
senza nemmeno accorgersi di lui, nel salotto per l'uscio semichiuso, e d'un balzo era montato sul davanzale della finestra
aperta.

Tra tutti gli animali il gatto è quello che fa meno rumore.
Non poteva mancare in una casa piena di tanto silenzio.

Sul rettangolo d'azzurro della finestra spiccava un vaso di
geranii rossi. L'azzurro, dapprima vivo e ardente, s'era a poco
a poco soffuso di viola, come d'un fiato d'ombra appena[4] che vi
avesse soffiato da lontano la sera che ancora tardava a venire.

Le rondini, che vi volteggiavano a stormi, come impazzite
da quell'ultima luce del giorno, lanciavano di tratto in tratto
acutissimi stridi e s'assaettavano contro la finestra come volessero irrompere nel salotto, ma subito, arrivate al davanzale,
sguizzavano via. Non tutte. Ora una, poi un'altra, ogni volta,
si cacciavano sotto il davanzale, non si capiva come, né perché.

Incuriosito, prima che quel gatto fosse entrato, lui s'era
appressato alla finestra, aveva scostato un po' il vaso di geranii
e s'era sporto a guardare per darsi una spiegazione: aveva
scoperto cosí che una coppia di rondini aveva fatto il nido
proprio sotto il davanzale di quella finestra.

Ora la cosa terribile era questa: che nessuno dei tanti che
continuamente passavano per via, assorti nelle loro cure e
nelle loro faccende, poteva andare a pensare a un nido appeso
sotto il davanzale d'una finestra al quinto piano d'una delle
tante case della via, e a un vaso di geranii esposto su quel
davanzale, e a un gatto che dava la caccia alle due rondini di
quel nido. E tanto meno poteva pensare alla gente che passava
per via sotto la finestra il gatto che ora, tutto aggruppato
dietro quel vaso di cui s'era fatto riparo, moveva appena la

testa per seguire con gli occhi vani nel cielo il volo di quegli stormi di rondini che strillavano ebbre d'aria e di luce passando davanti la finestra, e ogni volta, al passaggio d'ogni stormo, agitava appena la punta della coda penzoloni, pronto a ghermire con le zampe unghiute la prima delle due rondini che avrebbe fatto per cacciarsi nel nido.

Lo sapeva lui, lui solo, che quel vaso di geranii, a un urto del gatto, sarebbe precipitato giú dalla finestra sulla testa di qualcuno; già il vaso s'era spostato due volte per le mosse impazienti del gatto; era ormai quasi all'orlo del davanzale; e lui non fiatava già piú dall'angoscia e aveva tutto il cranio imperlato di grosse gocce di sudore. Gli era talmente insopportabile lo spasimo di quell'attesa, che gli era perfino passato per la mente il pensiero diabolico d'andar cheto e chinato, con un dito teso, alla finestra, a dar lui l'ultima spinta a quel vaso, senza piú stare ad aspettare che lo facesse il gatto. Tanto,[5] a un altro minimo urto, la cosa sarebbe certamente accaduta.

Non ci poteva far nulla.

Com'era stato ridotto da quel silenzio in quella casa, lui non era piú nessuno. Lui era quel silenzio stesso, misurato dal tic-tac lento della pendola. Lui era quei mobili, testimonii muti e impassibili quassú della sciagura che sarebbe accaduta giú nella strada e che loro non avrebbero saputa. La sapeva lui, soltanto per combinazione. Non avrebbe piú dovuto esser lí già da un pezzo. Poteva far conto che nel salotto non ci fosse piú nessuno, e che fosse già vuota la poltrona su cui era come legato dal fascino di quella fatalità che pendeva sul capo d'un ignoto, lí sospesa sul davanzale di quella finestra.

Era inutile che lui toccasse a quella fatalità la naturale combinazione di quel gatto, di quel vaso di geranii e di quel nido di rondini.

Quel vaso era lí proprio per stare esposto a quella finestra. Se lui l'avesse levato per impedir la disgrazia, l'avrebbe impedita oggi; domani la vecchia serva negra avrebbe rimesso il vaso al suo posto, sul davanzale: appunto perché il davanzale, per quel vaso, era il suo posto. E il gatto, cacciato via oggi, sarebbe ritornato domani a dar la caccia alle due rondini.

Era inevitabile.

Ecco, il vaso era stato spinto ancora piú là; era già quasi un dito fuori dell'orlo del davanzale.

Lui non poté piú reggere; se ne fuggí. Precipitandosi giú per le scale, ebbe in un baleno l'idea che sarebbe arrivato giusto in tempo a ricevere sul capo il vaso di geranii che proprio in quell'attimo cadeva dalla finestra.

Parrà strano, ma anche in America c'è chi crede che le tartarughe portino fortuna.[1] Da che sia nata una tale credenza, non si sa. È certo però che loro, le tartarughe, non mostrano d'averne il minimo sospetto.

Mister Myshkow ha un amico che ne è convintissimo. Giuoca in borsa[2] e ogni mattina, prima d'andare a giocare, mette la sua tartaruga davanti a uno scalino: se la tartaruga accenna di voler salire, è sicuro che i titoli che lui vuol giocare, saliranno; se ritira la testa e le zampe, resteranno fermi; se si volta e fa per andarsene, lui giuoca senz'altro al ribasso.[3] E non ha mai sbagliato.

Detto questo, entra in un negozio dove si vendono tartarughe; ne compra una e la mette in mano a Mister Myshkow:

— Approfittàtene.[4]

Mister Myshkow è molto sensibile; portandosi in casa la tartaruga (ih! ah!) freme in tutta l'elastica personcina pienotta e sanguigna per brividi, che son forse di piacere, ma anche di ribrezzo un po'. Non si cura se gli altri per via si voltino a guardarlo con quella tartaruga in mano; lui freme al pensiero che quella che pare una pietra inerte e fredda, non è una pietra no, è abitata dentro da una misteriosa bestiola che da un momento all'altro può cacciar fuori, sulla sua mano, quattro zampini sbiechi rasposi e una testina di vecchia monaca rugosa. Speriamo che non lo faccia. Forse Mister Myshkow la getterebbe a terra, raccapricciando da capo a piedi.

In casa, non si può dire che i suoi due figli, Helen e John, facciano una gran festa alla tartaruga, appena lui la posa come un ciottolo sul tappeto del salotto.

Non è credibile quanto vecchi appajano gli occhi dei due figli di Mister Myshkow a confronto con quelli bambinissimi del padre.

I due ragazzi, su quella tartaruga posata come un ciottolo

sul tappeto, fanno cadere il peso insopportabile dei loro quattro occhi di piombo. Poi guardano il padre con una cosí ferma
convinzione che non potrà dar loro una spiegazione plausibile
della cosa inaudita che ha osato fare, posare una tartaruga sul
tappeto del salotto, che il povero Mister Myshkow si sente
subito appassire; apre le mani; apre le labbra a un sorriso
vano e dice che, dopo tutto, quella non è altro che un'innocua
tartaruga con cui, volendo, si può anche giocare.

Da quel brav'uomo ch'è sempre stato, un po' ragazzone,[5]
vuol darne la prova: si butta carponi sul tappeto e cautamente,
con garbo, si prova a spinger di dietro la tartaruga per persuaderla cosí a cacciar fuori gli zampini e la testa e farla muovere.
Ma sí, Dio mio, non foss'altro,[6] per rendersi conto della bella
gaja casa tutta vetri e specchi, dove lui l'ha portata. Non
s'aspetta che suo figlio John trovi d'improvviso e senza tante
cerimonie un piú spiccio espediente per fare uscir la tartaruga
da quello stato di pietra in cui s'ostina a restare. Con la punta
del piede John la rovescia sulla scaglia, e subito allora si vede
la bestiola armeggiar con gli zampini e spinger col capo penosamente per tentar di rimettersi nella sua posizione naturale.

Helen, a quella vista, senza punto alterare i suoi occhi da
vecchia, sghignazza come una carrucola di pozzo arrugginita
per la caduta precipitosa d'un secchio impazzito.

Non c'è, come si vede, da parte dei ragazzi alcun rispetto
della fortuna che le tartarughe sogliono portare. C'è al contrario la piú lampante dimostrazione che tutti e due la sop-
porteranno solo a patto ch'essa si presti a esser considerata
da loro come uno stupidissimo giocattolo da trattare cosí,
con la punta del piede. Il che a Mister Myshkow dispiace
moltissimo. Guarda la tartaruga, rimessa subito a posto da lui e
ritornata al suo stato di pietra; guarda gli occhi dei suoi
ragazzi, e avverte di colpo una misteriosa relazione che lo turba
profondamente tra la vecchiaja di quegli occhi e la secolare
inerzia di pietra di quella bestia sul tappeto. È preso di
sgomento per la sua inguaribile giovanilità, in un mondo che
accusa con relazioni cosí lontane e inopinate la propria decre-
pitezza: lo sgomento che lui, senza saperlo, sia forse rimasto

ad aspettare qualcosa che non arriverà mai piú, dato che ormai sulla terra i bambini nascono centenari come le tartarughe.

Torna ad aprir le labbra al suo vano sorriso, piú smorto che mai, e non ha il coraggio di confessare per qual ragione il suo amico gli ha regalato quella tartaruga.

Ha una rara ignoranza di vita Mister Myshkow. La vita per lui non è mai nulla di preciso, né ha alcun peso di cose sapute. Gli può accadere benissimo qualche mattina, vedendosi nudo con una gamba alzata per entrar nella vasca del bagno, di restare stranamente impressionato del suo stesso corpo, come se, in quarantadue anni che lo ha, non l'abbia mai veduto e se lo scopra adesso per la prima volta. Un corpo, Dio mio, non presentabile, cosí nudo, senza una grande vergogna, neppure ai suoi proprii occhi. Preferisce ignorarselo. Ma fa un gran caso tuttavia del fatto che non ha mai pensato che con questo corpo, cosí com'è in tante parti che nessuno di solito vede, nascoste sotto gli abiti e la calzatura, per quarantadue anni lui s'è aggirato nella vita. Non gli par credibile che tutta la sua vita lui l'abbia vissuta in quel suo corpo. No, no. Chi sa dove, chi sa dove, senz'accorgersene. Forse ha sempre sorvolato, di cosa in cosa, tra le tante che gli sono occorse fin dall'infanzia, quando certamente il suo corpo non era questo, e chi sa com'era. È davvero una pena e uno sgomento non riuscire a spiegarsi perché il proprio corpo debba essere necessariamente quello che è, e non un altro diverso. Meglio non pensarci. E nel bagno, torna a sorridere del suo vano sorriso, ignorando di trovarsi già da un pezzo nella vasca. Ah, quelle luminose tendine di mussola insaldate ai vetri della grande finestra, e di sulle bacchette d'ottone[7] quel lieve grazioso dondolío nell'aria primaverile delle cime degli alti alberi del parco. Ora lui si sta asciugando quel suo corpo veramente brutto; ma deve, pur non di meno, convenire che la vita è bella, e tutta da godere anche in quel suo corpaccio che intanto, chi sa come, è potuto entrare nella piú segreta intimità con una donna talmente impenetrabile qual è Mistress Myshkow, sua moglie.

Da nove anni ch'è ammogliato, lui è come avvolto e sospeso

nel mistero di quella sua unione inverosimile con Mistress Myshkow.[8]

Non ha mai osato farsi avanti, senza restare incerto, dopo ogni passo, se potesse darne un altro; e cosí alla fine ha provato sempre come un formicolío d'apprensione in tutto il corpo e di sbigottimento nell'anima nel trovarsi arrivato già parecchio lontano per tutti quei passi sospesi che gli han lasciato fare. Doveva sí o no inferire che dunque poteva farli?

Cosí, un bel giorno, quasi senz'esserne certo, s'era trovato marito di Mistress Myshkow.

Lei è ancora, dopo nove anni, cosí distaccata e isolata da tutto, dalla propria bellezza di statuetta di porcellana e cosí chiusa e smaltata in un modo d'essere cosí impenetrabilmente suo, che proprio pare impossibile che abbia trovato il modo d'unirsi in matrimonio con un uomo cosí di carne e sanguigno come lui. Si capisce invece benissimo come dalla loro unione siano potuti nascere quei due figli imbozzacchiti. Forse, se Mister Myshkow avesse potuto portarli in grembo lui, invece della moglie, non sarebbero nati cosí; ma dovette portarli in grembo lei, per nove mesi ciascuno, e allora, concepiti probabilmente interi fin dal principio e costretti a rimaner chiusi per tanto tempo in un ventre di majolica, come confetti in una scatola,[9] ecco, s'erano cosí tremendamente invecchiati prima ancora che nascessero.

Per tutti i nove anni di matrimonio lui naturalmente è vissuto in apprensione continua che Mistress Myshkow trovasse in qualche sua parola impensata o gesto inopinato il pretesto di domandare il divorzio. Il primo giorno di matrimonio era stato per lui il piú terribile perché, come si può facilmente immaginare, c'era arrivato non ben sicuro che Mistress Myshkow sapesse che cosa lui dovesse fare per potersi dire effettivamente suo marito. Per fortuna, lo sapeva. Ma poi non gli aveva lasciato intendere in alcun modo che si ricordasse della confidenza che lui s'era presa. Proprio come se nulla ci avesse mai messo di suo,[10] perché lui se la potesse prendere, e lei poi ricordare. Eppure una prima figliuola, Helen, era nata; e poi era nato un secondo figliuolo, John. Mai niente.

Senza dar segno di nulla, se n'era andata tutt'e due le volte
alla clinica e, dopo un mese e mezzo, era rientrata in casa, la
prima volta con una bambina e la seconda con un bambino,
l'uno piú vecchio dell'altra. Cosa da far cader le braccia.[11]
Divieto assoluto, tutt'e due le volte, d'andarle a far visita alla
clinica. Cosicché lui, non essendosi potuto accorgere né la
prima né la seconda volta che lei fosse incinta e non sapendo
poi nulla né delle doglie del parto né della nascita, s'era trovati
in casa quei due figli come due cagnolini comperati in viaggio,
senza nessuna vera certezza che fossero nati da lei e che
fossero suoi.

Ma non ne ha il minimo dubbio Mister Myshkow, tanto
che crede d'avere ormai in quei due figli una prova antichissima
e per ben due volte collaudata che Mistress Myshkow trova
nella convivenza con lui un compenso adeguato ai dolori
che il mettere al mondo due figliuoli deve costare.

Non riesce perciò a rinvenire dallo stupore allorché sua
moglie, rientrando in casa quel giorno da una visita alla madre
scesa in albergo[12] e prossima a ripartire per l'Inghilterra, e
trovandolo ancora in ginocchio sul tappeto del salotto davanti
a quella tartaruga, tra la derisione sguajatamente fredda di quei
due figli, non gli dice nulla, o meglio gli dice tutto voltando
senz'altro le spalle e ritornando immediatamente da sua madre
all'albergo, da cui dopo circa un'ora gli manda un biglietto, nel
qual perentoriamente è scritto che, o via da casa quella
tartaruga, o via lei: se ne partirà, fra tre giorni con la madre
per l'Inghilterra.

Appena può rimettersi a pensare, Mister Myshkow comprende subito che quella tartaruga non può esser altro che
un pretesto. Cosí poco serio, via. Cosí facile a levar di mezzo!
Eppure, proprio per questo, forse piú inovviabile che se la
moglie gli abbia posto per condizione di cangiar di corpo, o
almeno di levarsi dalla faccia il naso per sostituirlo con un
altro di suo maggior gradimento.[13]

Ma non vuole che manchi per lui.[14] Risponde alla moglie che
ritorni pure a casa: lui andrà a metter fuori in qualche posto
la tartaruga. Non ci tiene affatto[15] ad averla in casa. L'ha presa

perché gli hanno detto che porta fortuna; ma, agiato com'è, e con una moglie come lei, e con due figli come i loro, che bisogno ne ha lui? che altra fortuna avrebbe da desiderare?

Va fuori, di nuovo con la tartaruga in mano, per lasciarla in qualche posto che alla povera bestiola scontrosa possa convenire più che la sua casa. S'è fatto sera e lui se ne avvede soltanto ora e se ne meraviglia. Pur abituato com'è alla vista fantasmagorica di quella sua enorme città, ha sempre occhi nuovi per lasciarsene stupire e anche immalinconire un po', se pensa che a tutte quelle prodigiose costruzioni è negato d'imporsi come durevoli monumenti e stan lí come colossali e provvisorie apparenze di un'immensa fiera, con quegl'immobili sprazzi di variopinte luminarie[16] che dànno a lungo andare una tristezza infinita, e tant'altre cose ugualmente precarie e mutevoli.

Camminando, si dimentica d'avere in mano la tartaruga; ma poi se ne sovviene e riflette che avrebbe fatto meglio a lasciarla nel parco vicino alla sua casa; invece s'è diretto verso il negozio dov'essa è stata comperata, gli pare in fondo alla 49ma Strada.

Seguita ad andare, pur essendo certo che a quell'ora troverà chiuso il negozio. Ma si direbbe che tanto la sua tristezza quanto la sua stanchezza hanno proprio bisogno di andare a sbatter la faccia contro una porta chiusa.

Arrivato, sta un po' a guardare la porta del negozio chiusa effettivamente, e poi si guarda in mano la tartaruga. Che farne? Lasciarla lí davanti? Sente passare un tassí e lo prende. Ne scenderà a un certo punto, lasciandovi dentro la tartaruga.

Peccato che la bestiola, cosí ancora rintanata nel suo guscio, non dia a veder d'aver molta fantasia. Sarebbe piacevole immaginare una tartaruga in viaggio di notte per le strade di New York.

No no. Mister Myshkow se ne pente, come d'una crudeltà. Scende dal tassí. È ormai vicina la Park Avenue, con l'interminabile fila delle ajuole nel mezzo, dalle ringhierine a canestro.[17] Pensa di lasciare la tartaruga in una di quelle ajuole; ma appena ve la posa, ecco che gli salta addosso un poliziotto che è lí di guardia al traffico nel crocicchio della 50ma Strada, sotto una delle gigantesche torri del Waldorf Astoria.[18] Quel poliziotto vuol sapere che cosa ha posato in quell'ajuola. Una bomba? Non proprio una bomba, no. E Mister Myshkow gli sorride per dargli a vedere che non ne sarebbe capace. Semplicemente una tartaruga. Quello allora gl'impone di ritirarla subito. Proibito introdurre bestie nelle ajuole. Ma quella? Quelle è piuttosto una pietra che una bestia, vuol fargli osservare Mister Myshkow; non crede che possa disturbare; e poi lui, per gravi motivi di famiglia, ha bisogno assolutamente di disfarsene. Il poliziotto crede che voglia prenderlo in giro e si fa brutto.[19] Subito allora Mister Myshkow ritira dall'ajuola la tartaruga che non s'è mossa.

— M'hanno detto che porta fortuna, — soggiunse sorridente. — Non vorreste prenderla voi? Ve la offro.

Quello si scrolla furiosamente e con impero gli accenna di levarglisi dai piedi.[20]

Ed ecco ora di nuovo Mister Myshkow con quella tartaruga in mano, in grande imbarrazzo. Oh Dio, potrebbe lasciarla dovunque, anche in mezzo alla strada, appena fuor della vista di quel poliziotto che l'ha guardato cosí male, evidentemente perché non ha creduto ai gravi motivi di famiglia. Tutt'a un tratto, si ferma al baleno di un'idea. Sí, è senza dubbio un pretesto, per la moglie, quella tartaruga, e levato di mezzo questo, lei ne troverà subito un altro; ma difficilmente potrà trovarne uno piú ridicolo di questo e che piú di questo possa darle torto davanti al giudice e a tutti quanti. Sarebbe sciocco, dunque, non valersene. Lí per lí decide di rientrare in casa con la tartaruga.

Trova la moglie nel salotto. Senza dirle nulla, si china e le posa davanti sul tappeto la tartaruga, là, come un ciottolo.

La moglie balza in piedi, corre in camera, gli si ripresenta col cappellino in capo.

— Dirò al giudice che alla compagnia di vostra moglie preferite quella della vostra tartaruga.

E se ne va.

Come se la bestiola dal tappeto l'abbia intesa, sfodera di

scatto i quattro zampini, la coda e la testa e dondolando, quasi ballando, si muove per il salotto.

Mister Myshkow non può fare a meno di rallegrarsene, ma timidamente; batte le mani piano piano, e gli pare, guardandola, di dover risconoscere, ma senza esserne proprio convinto:

— La fortuna! La fortuna!

NOTES AND VOCABULARY

ABBREVIATIONS

USED IN THE NOTES AND VOCABULARY

adj.	adjective
adv.	adverb
f.	feminine
inf.	infinitive
lit.	literally
m.	masculine
n.	noun
pl.	plural
rfl.	reflexive
tr.	transitive
v.	verb

A NOTE ON PIRANDELLO'S SPELLING

According to one of his former students at the *Magistero*, Pirandello was particularly insistent on the use of a *j* instead of an *i* when the value was that of a semi-consonant. In modern Italian spelling an *i* is normally used. The Pirandellian spelling has been retained throughout but the reader should be aware that Pirandello's *jettatore, abbajare*, etc, are now normally written *iettatore, abbaiare*.

His preference for a double *i* for the plural of nouns like *silenzio* (now normally *silenzi*) and his occasional use of the circumflex accent (now extremely rare) are referred to in the notes.

NOTES

LA MAESTRINA BOCCARMÈ
1899

First published in Il Marzocco, *31 December 1899,*
then entitled: Salvazione

1 **a far la maestrina** 'to teach in an elementary school'. An elementary schoolteacher is called *maestra*: the diminutive *maestrina* is used because she was young and unmarried, and continues to be used because she did not marry.

2 **porto d'iscrizione** 'port of registration'.

3 **per quel che . . . da fuori** 'in so far as she could imagine it, looking at it, as she did, from the outside'.

4 **pareva quasi impossibile si dovesse poi veder** The normal *che* can be omitted after some verbs (*parere, sembrare credere, sperare,* etc).

5 **un tratto** 'for a part of his voyage'.

6 **non sapeva che farsi** 'didn't know what to do (with)'.

7 **Una folla che non si camminava** 'A crowd (so thick) that you couldn't walk.'

8 **Signorone mai viste! . . . ad ammirare** 'Such grand ladies as had never been seen! And the good little women of the place (would all stand there) with their mouths wide open and their eyes staring in admiration.' The diminutive *donnine* here has nothing to do with size; it just implies they were ordinary women of the small town.

9 **Solo la maestrina . . . fosse stato** 'Only the maestrina B. showed no reaction: as if nothing had happened.'

10 **Se non che, un giorno** 'But then, one day'.

11 **Richiamata ai suoi casi** 'Reminded of her own affairs'.

12 **e sarà stata** 'and perhaps it was' (future of probability).

13 **considerazione** 'respect'.

14 **i bagni** In 1899, when this story was written, people bathed in the sea for reasons of health rather than for sport or relaxation.

15 **Non c'è uomini** The use of the singular *non c'è* instead of the logical *non ci sono* is quite common in spoken Italian.

16 **mi sento mancare il fiato** *lit*. 'I feel out of breath', i.e. 'I feel suffocated here, I can't breathe'.

17 **acqua d'odore** 'scented water'.

18 **che mi ci posso appena rigirare** '(so small) that I can hardly turn round in it.'

19 **ne sentirai di belle** 'you'll hear some good ones', said ironically.

20 **accennava di volerle entrar dentro** 'seemed to be aimed at penetrating her inner defences'.

21 **Ah, per questa . . . forse!** 'Ah, perhaps I could still manage that one!' (i.e. the fourth class).

22 **Buoni sospiri . . . ritrattino!** The form of the phrase is that used for good wishes—'Have a nice sigh and lots of kisses to the picture!'

23 **dandole del voi** He addresses her using *voi*, rather than the formal *lei*, because they are cousins. Later the *maestrina* will use the intimate *tu*.

24 **su, su** 'up with that head'.

25 **rieccolo** 'there he was, back again'.

26 **Non sapeva piú vedersi . . .** 'She could no longer bear to be . . .'

27 **per istrada** 'in the road'. The initial *i* can be added to words beginning with an impure *s* when they are preceded by a word ending in a consonant. Pirandello normally conforms to this rule (e.g. later in this story, *in iscuola*) but the usage is now less common than it used to be.

28 **femminucce** 'little girls', but the diminutive suggests also her affection for them.

29 **s'era tutta spettinata** 'she had made her hair all untidy'.

30 **e che beffe!** 'and what fun he had made of her!'

31 **della cenere rimasta** She cooked with wood or charcoal, hence the ash.

32 **silenzii** The more usual modern spelling of the plural is *silenzi*. Pirandello normally uses *-ii* for the plural of nouns ending in *-io*.

33 **una creaturina sua** 'a little child of her own'.

34 **colei** i.e. la Valpieri.

35 **Cassa di Risparmio** 'Savings Bank'.

36 **Ma a poter . . . quelle dieci . . .** 'But if meanwhile she could use that ten thousand . . .'

37 **non che la gratitudine . . . ricordo niente** 'she didn't

want his gratitude, she didn't even want to remember him—
just nothing!'

MARSINA STRETTA

1901

First appeared in Il Marzocco, *1 December 1901*

1 **era fuori della grazia di Dio** 'he was in a raging temper'.
2 **non l'aveva di suo** 'he didn't possess it himself'.
3 **arbiter elegantiarum** 'judge of elegances'. Tacitus refers thus to Petronius, the author of the *Satyricon*.
4 **Pardon!** The French word is quite commonly used instead of the Italian *Mi scusi*, etc. The assistant, in keeping with his role, is being 'refined'.
5 **Dipinta!** i.e. 'Like a painting', 'It fits perfectly'.
6 **gli dava del signore** 'called him signore', i.e. addressed him respectfully.
7 **a servirla,** 'at your service'.
8 **Strettina è, ma può andare** 'It is a bit tight, but it'll do.'
9 **alla mia signora serva** One might suggest 'to my lady-in-waiting'. The professor is being ironic.
10 **Quegli** i.e. the *commesso*.
11 **Non ne posso piú!** 'I can't stand it any more!'
12 **gliela ricucio** 'I'll sew it up again.' The present tense can be used for a future action that is intended to be carried out promptly. (*Lo faccio subito*, 'I'll do it at once'.)
13 **che diamine!** A very mild oath, perhaps 'dash it!' *Diamine* is a softened form of *diavolo*.
14 **per suo mezzo** 'through him, Gori'.
15 **via facendo** 'on the way'.
16 **Istituto di Magistero** The *Magistero* is normally a university faculty attended by those who intend to become teachers. In some cases, as here, an *Istituto Superiore di Magistero* is not attached to a university. Pirandello himself taught at such an institution in Rome for some years.
17 **lezioni particolari** 'private lessons'.
18 **scuole complementari** 'secondary schools for girls'. This type of school no longer exists.
19 **del suo stato** i.e. her unmarried state.

20 **diuturni dolori** 'long-enduring sorrows'. *Diuturno* is a learned and literary word, hence the following comment on Gori being a teacher of Italian.

21 **Cose che capitano pare** 'Such things happen, evidently.' The comment is presumably Gori's: he was an elderly bachelor.

22 **testimonio** Witness at the civil ceremony required by Italian law.

23 **come un ceppo** 'like a log, dumbfounded'.

24 **signoroni** 'important, well-off people'.

25 **Favorirmi** A stock courtesy formula used to reply to the *a servirla* of the previous speaker, as if, out of politeness, one preferred to think in terms of being favoured rather than of being served.

26 **Somigliantissimo ... contribuito** The half-finished phrases reflect Gori's nervousness and embarrassment. It is the sort of dialogue for which Pirandello had a particularly keen ear.—'Good heavens, what an extraordinary likeness! I'm sorry, Mr Gri ... Migri, of course, but ... this bolt from the blue ... Yes, indeed! I'm afraid that I ... well, no, I'm not afraid: I mean, I don't have to blame myself ... but, well, I suppose I did contribute indirectly, by chance ...'

27 **Onoratissimo, si figuri!** 'Most honoured to meet her, naturally.'

28 **lassú, a Valsangone** Valsangone is in western Piedmont.

29 **A sforzarlo un po'** 'If you pulled at it a bit ...'

30 **Di là, si serva** 'In there, please go in.'

31 **con la testa che già gli fumava** 'with his head already whirling'.

32 **Ma come vuole** 'But how do you expect ...'

33 **al Municipio, allo stato civile, e poi in chiesa** The civil marriage ceremony would first be performed in the town hall (the *stato civile* is the municipal office corresponding to a registry office) and would then be followed by the church wedding.

34 **Farò magari da testimonio** 'All right, I'll act as witness ...'

35 **Come resti** 'What sort of a state will you be in ...?'

36 **violenze** 'impositions'.

ALLA ZAPPA

1902

First appeared in Il Marzocco, *7 September 1902*

1 **malaria** Still, at this time, a constant threat in many areas of southern Italy.

2 **giornanti** Working *a giornata*, i.e. as day labourers.

3 **si rizzava sulla vita** 'would straighten up from the waist'.

4 **aveva fatto 'calar la piena'** 'had brought down the river in full spate'.

5 **il Drago** A river near Agrigento.

6 **a mezzadria** 'as a share-cropper'. The system of *mezzadria*, by which the owner of the land provides house, tools, seed, etc, and the share-cropper provides labour, the product then being divided between the two parties in varying proportions, was far more widespread in Italy at the time of the story than it is today.

7 **il male** i.e. malaria.

8 **Ci voleva . . . distruggerlo cosí** i.e. 'Only a disaster like the one that had overtaken him could have brought him so low and annihilated him like this.'

9 **tante braccia** We would say 'so many hands'. The prosperity of a peasant family depended essentially on the number of its members who could work in the fields—hence the real sacrifice that was entailed by allowing one son to enter the Church.

10 **provato e sperimentato nel mondo** 'tried and experienced in the ways of the world'.

11 **Oblati** 'Oblates', a religious congregation.

12 **consigliere comunale** 'town councillor', a member of the council of the *comune*, the basic Italian administrative division.

13 **prefetto** The prefect is the administrative head of a *provincia*, which groups together a number of *comuni*.

14 **Ben vi sta!** 'It serves you right!'

15 **zappaterra** One who hoes the land, i.e. a mere peasant.

16 **pezzo di majale** 'filthy pig'. The expression *pezzo di . . .* adds emphasis. Thus *pezzo di idiota* means ' a complete idiot', and so on.

17 **pa'** Short for *papà*.

18 **Venite!** Note that the sons address the father with the respectful *voi*, whereas he calls them *tu*. The forms of address reflect the patriarchal nature of the peasant family.

19 **campiere** In Sicily, an agricultural worker who acted as overseer and guardian of his master's property.

20 **tristo** 'unpleasant, nasty'—not to be confused with *triste*, 'sad'.

21 **ma'** Short for *mamma*.

22 **allegro!** i.e. *state allegro!*, 'cheer up'.

23 **sanato** 'cured'. But the *campiere*, bearing in mind what the son has done, is being vulgar, for the word is also used with the meaning of 'to castrate' (pigs, etc).

24 **sciocchezzole** Diminutive of *sciocchezze*—'silly little trifles'.

25 **dalla querela gia spôrta** *sporgere querela* means 'to bring a lawsuit'. The circumflex accent is no longer commonly used.

26 **Acireale** A town on the East coast of Sicily, north of Catania.

27 **Gnorsi** i.e. *Signor sì*.

28 **frittata** *lit.* 'omelette', but the expression *fare una frittata* means 'to make, to get into a mess'.

29 **riavrà la messa** When a priest, for disciplinary reasons, is suspended from his functions (suspension *a divinis*), the colloquial phrase is *togliere la messa*, i.e. to take from him the right of saying mass. Thus *riavere la messa* is used when that right is given back to him.

30 **Monsignore** The title of a bishop.

31 **spalmata** With the palm of the hand flat.

32 **le terga** 'his back' (plural of *il tergo*).

33 **un pianto dirotto** 'floods of tears'.

L'ERESIA CATARA

1905

First appeared in La Riviera Ligure, *February 1905*

1 **professore ordinario** 'professor' in the English sense, the occupant of a university Chair in his subject. The title *professore* without any qualification has a much wider usage

in Italian, being applicable to teachers generally at secondary and tertiary level.

2 **eresia catara** 'Catharist heresy'. A dualist, Manichean belief in the separate existence of good and evil, spirit and matter. It flourished particularly in southern France during the twelfth and early thirteenth centuries, its adherents being known as Albigensians (from the town of Albi). A crusade preached against the heretics led to their extinction during the thirteenth century.

3 **ciociaretto di Guarcino** Guarcino is a small town south of Rome in the province of Frosinone. An area which corresponds roughly to this province is known as Ciociaria, from the characteristic *ciocie* worn by the inhabitants. *Ciocie* are a type of footwear with a leather sole that is held in place by cords wound round the legs.

4 **Halle a. S.** Halle an der Saale (on the river Saale), a university town in east central Germany.

5 **messa . . . cieli** 'praised to the skies by the critics'.

6 **paesano** In the sense of *compaesano*, 'fellow countryman'.

7 **non gli fosse parso ben fatto** 'he had not thought it was the proper thing to do'.

8 **punto garbata** 'not at all polite'.

9 **scienza** The word has a wider meaning than the English 'science'—'learning', 'scholarship'.

10 **tutto ciò che si produce da noi** One reads of Lamis' reactions with the background of the time in mind. After gaining her national unity in the nineteenth century through the struggle against Austria, the new Italy entered into the so-called Triple Alliance of Austria, Germany and Italy which, in the European balance-of-power game, was directed principally against France. Many Italians were unhappy about this alignment, chiefly because it placed Italy beside Austria, the traditional enemy, who still held areas which the Italians felt as their own (Venezia Giulia and Trentino–Alto Adige). At the same time the painstaking and solid scholarship of the German universities was much admired in Italy. One recalls Pirandello's own studies at Bonn. The reference to literature may be aimed at D'Annunzio.

11 **la piazza del Pantheon** At the time of the story the university in Rome was still situated near the Pantheon. The building which used to house it (now government offices) is still

called *La Sapienza*, the original name of the university. The modern university (*La città universitaria*) is not far from the main railway station.

12 **non aveva . . . a un grillo** *lit.* 'didn't even have to do the shopping for a cricket', i.e. he had no one else at all to shop for.

13 **Amaretti, schiumette e bocche di dama** All types of cakes. *Amaretti* and *bocche di dama* are made with almonds; *schiumette* are rather like meringues.

14 **avrebbe messo le mani sul fuoco** 'would have taken his oath'. Ordeal by fire was a method used in medieval times to prove innocence or guilt. The phrase is quite a common one.

15 **peccatuccio di gola** 'small sin of greed'.

16 **zazzeretta** *Zazzera* is used of men's hair worn long at the back of the neck.

17 **a collana** 'like a necklace', i.e. his beard grew on the underside of his chin.

18 **Notare che** The infinitive is used as an imperative here. 'One should, must note that . . .'

19 **che non stia piú in cervello** 'who is no longer in his right mind'.

20 **Belli grossi . . . e nuovi** 'Nice big fat ones, Gennarie', nice big fat new ones.' Gennarie' is a contraction of Gennariello. Both the name itself (San Gennaro is the patron saint of Naples) and the contracted form give a specifically Neapolitan flavour.

21 **i muricciuoli** *lit.* 'low walls', but here referring to the walls, particularly those by the Tiber, where the second-hand booksellers displayed their wares.

22 **a mezzo servizio** 'on a half-day basis'.

23 **Fletcher** Horace Fletcher (1849–1919) was an American sociologist and nutrition expert. His theories on mastication gave rise to the cult known as Fletcherism. Among the books he wrote is one entitled *Nature's Food Filter, or What and When to Swallow*.

24 **a guastargli le feste** 'to wreck his happiness'. It is a common idiom.

25 **occhi ferrati** Small, round windows with bars across.

26 **per sommi capi** 'under main headings'.

27 **senza opportunità** 'inopportunely'.

28 **non avvertí nemmeno alla grandine** 'he didn't even notice the hail'. The verb *avvertire* is normally used with a direct object.

29 **le reni fènderglisi per lunghi brividi** 'his back shot through by long shudders'.

30 **Ateneo** From the Latin *Athaeneum*: synonymous with *università*.

31 **soprabiti impermeabili** *lit.* 'rainproof coats'. In more modern Italian the adjective *impermeabile* has become a noun with the meaning of 'raincoat'.

32 **manicheismo** 'Manichean heresy', from Mani, its founder. See note 2. p. 153.

33 **Albigesi** 'Albigensians'. See note 2.

LA GIARA

1909

First published in Il Corriere della Sera, *2 October 1909*

1 **massaje** The literal meaning of *massaja* (*massaia*), as a noun, is 'housewife': here, as an adjective, it means that they are mature trees, bearing a heavy crop of olives.

2 **raffermato** 'set', i.e. the fruit had set.

3 **Santo Stefano di Camastra** in the province of Messina, Sicily. Well known for its ceramics.

4 **alta ... la badessa** 'chest-high, with a fine belly and majestic, so that it would be like the Mother Superior of the other five'.

5 **Neanche a dirlo** 'Needless to say'.

6 **la attaccava** *attaccar lite* or *attaccarla*, 'to pick a quarrel'.

7 **don** Used in Sicily as a title for people of a certain social standing; otherwise its most common use, all over Italy, is as the title given to priests. It is from the Latin *dominus*, via the archaic *donno*.

8 **fare gli atti** 'to bring the charges'.

9 **carta bollata** paper bearing stamp duty (also *carta da bollo*).

10 **per levarselo di torno** 'to get him out of the way'.

11 **il codice** i.e. *il codice civile*, the code of civil law.

12 **perché si scapasse** 'so that he should rack his brains'.

13 **con cui aveva da dire** 'with whom he had a dispute, had words'.

14 **calepino** The word is applied to dictionaries, particularly Latin ones, being derived from the name of Ambrogio da Calepio, whose dictionary was published in 1502. Here, of course, it refers to the law code, Lollò's 'book of words'.

15 **vi fulmino** 'I'll blast you off the face of the earth.'

16 **quattr'onze ballanti e sonanti** The *onza* or *oncia* was an old Sicilian coin—it is impossible to suggest any exact value for it in modern money. It was divided into 100 *tarì* (see later in the story, when a third part of four *onze* is defined as *un'onza e trentatré*). Later don Lollò throws five *lire* into the jar. This suggests that Pirandello was setting the story in the time of his own boyhood, soon after the unification of Italy, when both monetary systems coexisted for a time.

17 **abbacchiatura** The method of harvesting olives by knocking them down from the trees with a long cane, called a *bacchio.*

18 **su tutte le furie** 'in a tearing rage'.

19 **che fosse un'oliva** 'one single olive'.

20 **restarono** 'were struck with amazement'.

21 **E chi lo sente ora don Lollò?** *lit.* 'And who will hear don Lollò now?', i.e. 'Whatever is he going to say now?'

22 **facendosi portavoce delle mani** 'cupping his hands round his mouth'.

23 **Che fosse arrivata** *era possibile,* or a similar phrase, is understood: '(Was it possible) that it had arrived . . .'

24 **Ma che!** This common exclamation (also written *macché*) is used to express strong disagreement: 'Nonsense, of course it hadn't . . .'

25 **C'era giusto** 'And there was in fact . . .'

26 **Zi'** Short for *Zio.* But it does not mean literally 'uncle'. It was a title given to people of a certain age, usually craftsmen, etc.

27 **che neanche . . . fatto presa** 'which even a hammer couldn't shift once it had set properly'.

28 **in quattro e quattr'otto** *lit.* 'as quickly as you can say four and four makes eight', i.e. 'in a couple of shakes'.

29 **olivo saraceno** A variety of the common olive which has no English name. For further details and suggestions about the significance of this tree for Pirandello, see note 5 to the play *La giara* in *Three Plays, cit.,* p. 202.

30 **non ancora patentato** 'who hadn't yet taken out a patent'.

31 **All'opera si vede** i.e. 'You'll see it on the job, when the job's done'.

32 **punti** The wire rivets which are twisted tight to bring the broken pieces together.

33 **Messere e porco** The title *messere* (a title of respect) contrasts with the offensive *porco*; something like 'You pompous old pig'.

34 **arie da Carlomagno** The stories of Charlemagne and his knights were, and still are, particularly popular in Sicily through the puppet plays and the story-tellers (*Cantastorie*) who recited them in public; Charlemagne was usually represented as pompous and incompetent—'Just listen to him putting on airs.'

35 **scannato miserabile** *Scannare* is to kill by cutting the throat, as is done when butchering animals. Thus Lollò is saying something like 'You miserable bit of butcher's meat'.

36 **Càzzica, che testa!** 'Blast you, what pig-headedness!' (*Càzzica* is a softened form of the vulgar exclamation *cazzo*.)

37 **C'intenderemo** 'We'll come to an arrangement (about paying for the work).'

38 **Malanno** *lit.* 'a bad year'. It is a common form of curse—'to hell with . . .'

39 **Chi è sopra comanda . . . e chi è sotto si danna** A proverbial expression. 'The boss gives the orders and the underlings have all the worries.'

40 **a confortarlo** A common construction in which the infinitive preceded by the preposition *a* indicates the commencement of an action (*E noi tutti a ridere*, 'And we all burst out laughing') or a continued action, as here: 'And the peasant, from the outside, went on comforting him.'

41 **prova e riprova** 'try as he would'.

42 **Vado e torno** 'I'll be straight back'.

43 **Io mi guardo i miei** Refers back to *Nell'interesse vostro:* 'I'll look after my interests.'

44 **giornata** 'day's labour'.

45 **Pane e companatico** *Companatico* is what is eaten with bread, to help it down. Bread was the main item of diet, eaten with an onion, or tomato, etc.

46 **fare anticamera** *Anticamera* is a 'waiting room', hence: 'he didn't have to wait'.

47 **A vossignoria non brucia** 'It's not doing you any harm.'

Vossignoria is a contraction of *vostra signoria*, commonly used in the south as a respectful form of address.

48 **Ce la devo perdere?** 'I'm bound to lose it, am I?' The *ce* is pleonastic.

49 **il danno e lo scorno** '(Am I supposed to suffer both) the damage and the ridicule?'

50 **sequestro di persona** 'kidnapping'.

51 **torno a romperla** 'I break it again.'

52 **Bacio le mani** A polite salutation in the south.

53 **Delle due l'una** 'It's either one thing or the other.'

54 **Passi la tua parola** *lit.* 'Let your word pass', i.e. 'I'll accept your word for it'.

55 **faccio i vermi** 'I'll make worms', i.e. he will stay there until he's dead, until the worms start eating him.

56 **ci restò brutto** 'was quite taken aback'.

57 **Fu lí lí per ordinare** 'He was just about to order.'

58 **A farlo apposta** 'As if it were there on purpose.'

LA PATENTE

1911

First appeared in Il Corriere della Sera, *9 August 1911*

1 **Ah, figlio caro** 'Ah, my dear fellow!'—and the judge is implying that it is more than he can explain.

2 **mostruosi intrecci di razze** This story is set in Sicily, a land which, throughout its history, has been settled by many races—Greeks, Arabs, Normans, Spaniards to mention only a few.

3 **andava per via di traverso** he walked along slantwise.

4 **Nessuno però . . . di lui** 'But, morally, there was no one able to keep a straighter course than he.'

5 **Vedere** This initial use of the infinitive form of the finite verb of a sentence is quite common in conversational Italian for emphasis: 'As far as seeing was concerned . . .'

6 **pigliava tra i peli delle ciglia** If you half close your eyes, so that the light you are looking at is filtered through the lashes, you will experience the effect described here by Pirandello, of seeing lines of light.

7 **ufficio d'Istruzione** In Italian law, both for civil (as here)

and for criminal cases, a *giudice istruttore* is appointed whose task it is to prepare the case by interviewing the parties concerned, examining the evidence, deciding what are the main points at issue, etc. This process is known as *istruzione*: the expression *istruire un processo* is also used.

8 **per quel tanto che a lui toccava** 'in so far as his own responsibility went'. (*Tocca a me*, 'it's my job, it's up to me'.)

9 **uomini feroci** Pirandello is probably recalling Dante's line, *Paradiso*, XXII, 151: 'L'aiuola che ci fa tanto feroci', where Dante looks down from the height of the heavens to see the earth, as small as a flower-bed, beneath him. The reduction of human affairs to insignificance by viewing them as if from a great distance is a frequent Pirandello theme; see, for instance, the story *Pallottoline* and also Fileno's 'Filosofia del lontano' in *La tragedia di un personaggio* in this volume.

10 **puntualità** The Italian word includes the English sense of 'punctuality' but goes beyond it—'scrupulousness, sense of responsibility'.

11 **così, su due piedi** 'just like that, straight away'.

12 **neanche a farlo apposta** 'as if it happened on purpose'.

13 **che dovevano fare al caso per lui** 'which should have met his case'.

14 **dritto sul busto** 'sitting up straight'.

15 **attrappandosi ... il bozzolo** 'curling himself up like a silkworm that can no longer make its cocoon'. At the end of its period as a larva the silkworm normally attaches itself to a tree to form its cocoon. If it does not do so it is called a *frate* and is said to *infratirsi*.

16 **pover uomo** 'poor wretch'.

17 **non poteva prendersela con nessuno** 'could not take it out on anyone'.

18 **gli erano capitati sotto mano** 'had come to hand'.

19 **si ficcavano — i gobbetti d'argento** a belief in the power of the 'evil eye' (in Italian, *malocchio* or *iettatura*), prevalent in the south of Italy. It is held that some people have the ability to bring disaster through a magic influence that emanates from their eyes. To protect oneself against this influence one can make various signs or touch various amulets, as the other judges do here. To touch a key is to touch something made of iron (the Italian phrase corresponding to the

English 'touch wood' is *toccare ferro*); to make the sign of the horns by erecting the index and little finger is another warding off sign. The amulets include hunchbacks (a luck symbol), nails, horns. They are usually made of silver or of coral.

20 **Gira gira . . . a parlarne** 'In the end (*lit.* turn and turn again) he inevitably ended up by talking about it.'

21 **jettatore** Pirandello's spelling for *iettatore*, a person possessing the power of the evil eye.

22 **Ma che diffamazione** 'Defamation indeed!' See also note 23 to *La giara*.

23 **quattro e quattr'otto** See note 28 to *La giara*.

24 **s'era combinata una faccia da jettatore** 'had fixed himself up with an evil-eye face'.

25 **che gli sgonfiava da tutte le parti** 'which flapped about in all directions'.

26 **Ma fatemi il piacere!** A common exclamation of annoyance: 'For goodness sake!'

27 **Se ne guardi bene!** 'Take good care not to!'

28 **Quando sarete comodo** 'When you are ready'.

29 **a mo' d'un matterello** 'like a rolling-pin'. *mo'* is a contraction of *modo*.

30 **condurvi a buon porto** 'bring you to a successful conclusion'.

31 **Eccomi qua** 'Here I am (ready to explain).'

32 **Il mio piú acerrimo nemico!** 'My bitterest enemy'. The form *acerrimo* is the superlative of *acre*: logically, therefore, one would expect *Il mio piú acre nemico*, but the superlative of this adjective is used in this way for extra emphasis.

33 **hanno chiesto il patrocinio** 'have asked for the legal services of', i.e. 'have briefed'.

34 **codesta professione di giudice** 'this profession of yours as judge'. *codesto*, etc, means 'this (or 'that') when referring to something near to or connected with the person to whom one is speaking.

35 **banco** *banca* is the form generally used. The masculine *banco* indicates a smaller institution, except in one or two cases where it refers to an ancient institution of great importance, as Banco di Napoli, Banco di Roma.

36 **mi hanno buttato in mezzo a una strada** 'they threw me out into the road, gave me the sack'.

37 **di cui nessuno vorrà piú sapere** 'that no one will want anything more to do with' (particularly with a view to marriage).

38 **entrare in campo** 'to enter the field', i.e. 'to start operating'.

39 **mostra di non credere** 'you evidently don't believe'.

LA TRAGEDIA DI UN PERSONAGGIO

1911

First appeared in Il Corriere della Sera, *19 October 1911*

1 **non sono di facile contentatura** 'I am not easily satisfied.'

2 **di far vedere e toccar con mano** 'to show them and prove to them beyond all doubt'.

3 **si fa presto . . . in un altro** 'it's only too easy to want ourselves to be one thing or another'.

4 **tutto sta . . .** 'it all depends . . .'

5 **quel riso** The accusation that Pirandello was a heartless and mocking writer was a common one. His essay *L'umorismo* (1908) set out to show that true humour cannot be without compassion.

6 **a sbrigarmi di loro lí per lí** 'to get rid of them on the spot'. In other words, some characters are so demanding that he is forced to give them life in a story straight away and this may lead to an incomplete realisation of all their possibilities. Hence their 'complaints'. Similarly, in the following paragraph Pirandello thinks of those characters who, only half conceived, are not yet ready to find their place in a *novella*. The idea on which this story is based—namely, that the characters an author conceives become so alive in his mind that they seem to assume an existence independent of him— is, of course, the basis of *Sei personaggi in cerca d'autore*. (See *Luigi Pirandello: Three Plays*, ed. F. M. Firth, in this series.)

7 **Icilio Saporini . . . Repubblica Romana** Icilio Saporini is the protagonist of the story *Musica vecchia*, which deals with a favourite Pirandellian theme, the conflict between different 'realities'. As a young man in Rome he was involved in the events of 1846–49, culminating in the Roman republic led by Giuseppe Mazzini. The Pope, Pius IX, had left Rome, and the republican forces, under Garibaldi, held out

gallantly for some time against the attacks of the French expeditionary force sent to restore Papal rule. Icilio, like many patriots, went into exile when the republic was overthrown. In Pirandello's story the old maestro returns to an Italy which is no longer that which he had left: his music, that of Rossini and Verdi, has given way to that of Wagner. He dies when he hears one of his own airs parodied by a Wagnerian.

8   **un pover uomo** 'a poor wretch'.

9   **da sciocchi** i.e. *una cosa da sciocchi*, 'a foolish thing'.

10   **avrebbe fatto epoca** 'would have been epoch-making'.

11   **a prender la mano all'autore** 'to lead, to take control of the author'.

12   **che modo è codesto?** 'what sort of behaviour is this?'

13   **con sopportazione di questi signori** *lit.* 'with the forebearance of . . .', i.e. 'if these ladies and gentlemen (the other characters) will bear with me'.

14   **di gran lunga** 'far and away'.

15   **Sancho Panza** The squire in Cervantes' *Don Quixote*.

16   **Don Abbondio** The timorous priest in Manzoni's *I promessi sposi*. The Father in *Sei personaggi in cerca d'autore* asks the same questions (see *Three Plays*, cit., p. 13; also p. 64 for the Father's speeches which elaborate further on the idea of the independent life of a character).

17   **oggi come oggi** 'in this day and age'.

18   **Fileno** He hates his name because it sounds like that of a shepherd in a Renaissance pastoral, i.e. far too 'pretty-pretty' for such a profound philosopher. Fileno was the name given to the shepherd in a theatrical eclogue, *Egloga de Fileno, Zambardo y Cardonio*, by the Spaniard Juan del Encina (1469–1529), itself derived from the Italian of Antonio Tebaldi (1463–1537).

19   **Ma mi faccia il piacere!** 'Did you ever hear such nonsense!'

20   **di farmi stampare a mie spese** 'to get my book published at my own expense'.

21   **Eh già, se no, sfido!** 'Of course, because otherwise—well, it's obvious!' *Sfido* (*lit.* 'I challenge') is commonly used as an exclamation to affirm something which the speaker believes should be self-evident: 'I challenge you to prove otherwise'.

22   **Si fa scrupolo?** 'Do you feel any scruples?'

23 **di passata** 'in passing, incidentally'.
24 **tutto il partito che c'era da trarre** 'all the advantage that was to be had'.
25 **Siamo e non siamo** 'We exist and we don't exist', i.e. 'We're more or less negligible quantities'.

CANTA L'EPISTOLA

1911

First appeared in Il Corriere della Sera, *31 December 1911*

1 **Suddiaconato** 'subdiaconate', the first of the Holy Orders.
2 **amministra i vasi della Messa** The subdeacon pours the wine into the chalice.
3 **patena** 'paten', the plate used to cover the chalice and to hold the Host.
4 **Canone** The central part of the Mass.
5 **non foss'altro** 'if nothing else'.
6 **stato** Here in the sense of 'position', 'profession'.
7 **che il padre . . . quelli . . .** In this construction the infinitive is used instead of the more usual clause: '(he had waited) for his father to be convinced that those were not . . .'
8 **Altro che . . . Tommasone . . .** 'Anything but little Tommy, now! Great big Tom . . .'
9 **avrebbe dato ragione al padre** 'would have said that his father was right'.
10 **Cimino** A mountain near Viterbo, in Lazio, north of Rome. It rises to the west of the Tiber valley (*valle tiberina*).
11 **quegli alti monti** The Appennines.
12 **e mai e poi mai** 'and never, on any occasion'.
13 **Tir'a segno** i.e. *tiro a segno*, 'shooting range'.

IL CAPRETTO NERO

1913

First appeared in Il Corriere della Sera, *13 December 1913*

1 **in qual si voglia caso** 'in any circumstance whatever'.
2 **vale a dire** 'that is to say'.

N

3 **Tanto vero ch'egli** 'So much so that he . . .'

4 **Premesso questo** 'Having stated this', 'After these pre-liminaries'.

5 **Baedeker** The famous German guide books, still published today, were the traveller's bible at the time of this story.

6 **Girgenti** Pirandello's birthplace. The city is on the south coast of Sicily; its name was changed in 1927 to Agrigento, this Roman form being preferred to the Arab Girgenti. In ancient times, as Akràgas, it was one of the most flourishing Greek cities of Sicily. The great Doric temples were begun in the sixth century B.C. They stand some two miles away from the present city, which is constructed on a smaller area than the ancient one, on the hill that was once the Acropolis.

7 **akragantini** The adjective from Akràgas. Hence also *la collina akrea* later in this sentence.

8 **Pindaro** The Greek poet Pindar (518–438 B.C.) lived for a period in Sicily. The reference here is to the twelfth Pythian Ode, in honour of Midas of Akràgas.

9 **Dicevano gli antichi . . . morir mai** This remark is attributed to the philosopher Empedocles, himself a native of Akràgas, by Diogenes Laertius (*Lives of Eminent Philosophers*, book VIII).

10 **tante guerre . . . saccheggi** The first destruction of the city was in 406 B.C., when it was taken by Carthage. Thereafter Romans and Carthaginians took and re-took it, and later Vandals, Goths, Byzantines, Arabs, Normans, etc. were to follow.

11 **olivi saraceni** See note 27 to *La giara*.

12 **Bosco della Cívita** from the Latin *civitas*, 'the Wood of the Old City'.

13 **il fiume Akragas . . . greggi** The reference is, again, to Pindar's twelfth Pythian Ode. The river is now called the S. Biagio.

14 **tempio della Concordia** Dates from the fifth century B.C.

15 **Hera Lacinia . . . Giganti** Two temples, also of the fifth century B.C. The Olympieion was one of the largest temples of the ancient world. The cornice was supported by enormous giant figures, hence *dei Giganti*.

16 **di cui . . . tesoro** 'which neither Baedeker nor any other guide book has yet enshrined in its pages'.

17 **comperare** The two forms *comprare* and *comperare* are both in common use.

18 **che ne splendeva sotto** The *ne* refers to *nuvole*: 'which shone beneath them'.

19 **secondo il convenuto** 'according to the arrangements'.

20 **secondo il solito suo** 'as was usual with him'.

21 **Porto Empedocle** The port of Agrigento—the city is situated a little inland. Named after the Greek philosopher, native of the ancient Akràgas.

22 **questi** 'the latter', i.e. Mr Trockley.

23 **non se ne può dar pace** 'can't get over it'.

24 **oltre ogni dire** *lit.* 'beyond all expression'.

25 **far buon viso** 'to view favourably, to welcome'.

LA CARRIOLA

1916

First appeared in the volume E domani, lunedii, *1917*

1 **non la guardo mai** The initial concealment of the identity of the 'her', the 'victim', is essential to the story's effect.

2 **a quattr'occhi** 'just between the two of us'.

3 **Perugia** The chief city of Umbria, in central Italy. Presumably the train journey that follows is from Perugia to Rome.

4 **L'unica** i.e. *l'unica distrazione.*

5 **da tempo** 'for some time'.

6 **quella** i.e. *quella attenzione*

7 **cosí messa su** 'contrived like that'.

8 **atti di presenza** *compiere (fare) un atto di presenza* means 'to put in an appearance' (for instance, at a social gathering for reasons of courtesy). Thus he feels that his 'appearances' in his present life are empty of all true meaning.

9 **Commendatore** An Italian title corresponding very approximately to a knighthood.

10 **Chi vive . . . una morte** One of the central ideas of *Pirandellismo*. Life should be spontaneous, unthinking (*Chi vive, quando vive, non si vede*), but inevitably, either by by choice or, as here, through social pressures, we assume a 'form', we impose a particular pattern on our way of living

to give others, and ourselves, the illusion of a consistent personality. To assume a 'form' is to die, in the sense that it is a denial and a constriction of the ceaseless flow and change in which real life consists, but usually we are not conscious of this 'death', for we accept the 'form' we have assumed as our reality. If, however, we manage to look at ourselves from the outside, as happens here, then we recognise the emptiness of the 'form' of our lives, recognise that it is alien to our true selves. Which is not to say, however, that we shall necessarily be able to rediscover the true self we have lost. Pirandello offers no such comforts.

The life *v.* form motif underlies much of his work. It has a large part in the shaping of his major plays (see *Three Plays, ed. cit.*). Among the stories in this collection *Marsina stretta* and *Cinci* provide comic and tragic variations upon it.

11 **per farsi, come dicono, uno stato** 'to set themselves up in life, as the saying goes'.

12 **Ci sono i fatti** The theme of the 'facts' which become a prison for us, whose consequences can never be cancelled out, is another basic Pirandellian idea. We become stamped, fixed by what we have done in the past, even when such actions no longer correspond to our present state of feeling. The Father of *Sei personaggi in cerca d'autore* protests in much the same way (see *Three Plays, cit.*, pp. 28–9)

13 **levarmela dai piedi** 'get it from under my feet'.

14 **se qualcuno non sopravvenga** The subjunctive gives the meaning of 'lest, in case anyone should be coming'.

15 **le faccio fare la carriola** 'I play wheelbarrows with her' (as he goes on to explain).

LA MORTE ADDOSSO
1918
First published in La Rassegna Italiana, *15 August 1912, then entitled* Caffè notturno

1 **lo volevo dire** 'I thought so.'
2 **È da ridere:** 'It's laughable, ridiculous.'
3 **non la finiscono piú** 'they never know when to stop'.
4 **Strillare . . . un mondo** 'All that screaming! I should have had a lovely time.'

5 **Appunto perché lo so** '(I'm talking like this) just because I do know.'

6 **Capaci . . .** '(They are) capable . . .'

7 **caro, il se non ti secca** 'very nice, that "if it's not too much trouble" '.

8 **Oh bella!** 'That's a good one!'

9 **No no, non dico!** 'No, I didn't mean that.'

10 **una rimboccaturina, come un di più** 'a delicate little fold at the edge, as an extra'.

11 **Mi ci dimentico** 'I get quite lost watching.'

12 **se lo raccolgono a numero otto** 'they twist it up into a figure of eight'.

13 **Ma che piacere!** 'Pleasure, indeed!'

14 **È roba . . . di rivendita** 'It's stuff bought as a bargain, second-hand.'

15 **E mi verrebbe . . .** 'And I would almost feel like . . .'

16 **ciabatta** *lit.* 'a poor-quality slipper'. In this case 'that hat that looks like an old shoe'.

17 **Niente** 'It makes no difference, has no effect.'

18 **Avezzano, Messina** Avezzano (in Abruzzi) was totally destroyed by an earthquake in 1915. The terrible Messina earthquake took place in 1908. Both disasters appear elsewhere in Pirandello, notably in the play *Così è* (*se vi pare*) (Avezzano) and in the story *Il professor Terremoto* (Messina).

19 **obbedienti . . . municipale** 'in obedience to the development plan of the city housing commission'.

20 **tubero** *lit.* 'tuber'. In fact a 'growth'.

21 **Epitelioma** A type of skin cancer (now normally curable), which first manifests itself as a reddish swelling.

22 **come niente** 'as if it didn't matter one whit'.

NIENTE

1922

First appeared in the volume La mosca, *1923*

1 **botticella** 'cab'. It is a specifically Roman word, hence the italics.

2 **Bell'assistenza notturna!** 'A fine sort of night service.' Italian chemists often have a doctor in attendance when they offer night service.

3 **fanaletti** The lights of the cab.

4 **quegli** 'the former', i.e. the chemist's assistant.

5 **il quale . . . d'aver sonno** The syntax here is irregular: it follows the confused replies of the assistant, who is protesting at the client's haste (*tutta quella furia*), particularly at this time of night (*dovrebbe pur compatire . . .*) and, at the same time, admitting the client's right to demand service (*con ragione, chi dice di no*).

6 **un pezzo d'omone** 'an enormous man'.

7 **Eh, una parola! Capace . . . sa?** 'It's easy enough to say it! He's quite capable of giving me a kick, you know.' The verb *è* before *capace* is understood.

8 **Suicidio . . .** From the last act of Ponchielli's opera *La Gioconda*, first given in 1876.

9 **strada facendo** 'as we go, on the way'.

10 **Penso io** 'I'll see to it.'

11 **girando la chiavetta** The older type of Italian light switch was turned, rather than being flicked up or down.

12 **Per averlo, lo ha** *lit.* 'As far as having it is concerned, he has it', i.e. 'Yes, he's got it all right, no doubt about that'. For a similar use of the infinitive, see note 5 to *La patente*.

13 **Dunque . . . senapate** 'Well now, we were saying, mustard plasters.'

14 **Pravaz** Hypodermic syringe, so called after its inventor, the French doctor C. B. Pravaz (1791–1853)

15 **Trastevere** An area of Rome on the right bank of the Tiber.

16 **Basta** The doctor is talking: 'Well, that's enough of that.'

17 **su le ventitré** 'askew, at an angle'. In the old method of counting the hours, the twenty-third hour used to be the one before evening—hence this expression, from the low angle of the sun at that time of the day.

18 **pregiatissimo** *lit.* 'most valued'. The word is still sometimes used as a form of address in letter writing. 'At your service, my dear sir.'

19 **t-o-to fatto** 'no sooner said than done', i.e. as easy as saying that 't' and 'o' spell 'to'.

20 **licenza liceale** The final school examination, taken at the end of the *liceo* (high school), giving admission to university.

21 **Roba da matti!** A common exclamation: 'Ridiculous— whoever heard of such a thing!'

22 **il rimpatrio dalla questura** i.e. to get him sent back to his

home town by the police with a travel warrant (the *foglio di rimpatrio* mentioned later in this paragraph).

23 **lasciamo andare** 'don't let's go into details'.

24 **cacano da per tutto, scusi** 'they leave their droppings everywhere, if you'll excuse the expression'.

25 **non so . . . paese** 'heaven only knows what formalities there, in his own town'.

26 **braciere** Small braziers which burned charcoal used to be a common form of heating, particularly in poorer houses.

27 **Precise** 'exactly'; refers to *cinque ore*.

28 **sul piú bello** 'just at the crucial moment'.

29 **dimissionario** someone who has resigned. 'I've resigned, given up.'

30 **Come sarebbe a dire** 'how do you mean . . .?'

31 **che non metteva conto di nulla** 'that nothing was worth bothering about'.

32 **Ma come c'entra mia moglie** 'But what has my wife got to do with it?'

33 **Campoverano** The main cemetery of Rome.

34 **Mannaggia** 'Curse it.' An oath particularly common in the south.

35 **da stupidi** 'like fools', i.e. 'They've acted like fools'.

36 **o che era meglio allora** An initial verb such as *pensa* is understood: 'So do you think it was better then . . .'

37 **la bocca tagliata di traverso** 'with her mouth crooked, distorted'.

38 **Policlinico** 'General Hospital'.

39 **Ma si figuri** 'But of course . . .'

40 **Bada . . . il bene** 'Just think of it if, because one's done some good . . .'

41 **E ce l'aveva buttato qua** *lit.* 'And he had thrown him here to us', i.e. 'He'd dumped him on us here'.

42 **mi guardi** The *mi* is an ethic dative. Perhaps 'Now, I ask you, just look at . . .' gives something of the meaning.

43 **Oh, cose! cose!** Anticipates the *cose grandi* at the end of the paragraph: 'Wonderful stuff!'

44 **via** As an exclamation can mean 'after all', 'don't be silly', etc. Here Dr Mangoni's thoughts are being recorded: 'In the end, after all . . .'

45 **Per non esser da meno della moglie** 'So as not to be outdone by his wife . . .'

CINCI

1930

First published in La Lettura, *June 1932*

1 **Cane** 'being a dog, as a dog'.

2 **cinghia** Italian schoolchildren often carry their books secured by a strap.

3 **Cinci leva lo spettacolo** 'Cinci stops the performance'.

4 **sbatte a sedere** 'comes down with a bump'.

5 **da come accecano** 'so blinding are they'.

6 **lettighe** litters or stretchers on wheels.

7 **si fa di campagna** 'becomes a country road'.

8 **a volare** 'even if he flew, went as fast as he could'.

9 **insomma a sbattergli . . . cose** 'In short, she's always hurling the same accusations at him.'

10 **la peggio roba . . . a lui** 'they always unload the worst stuff on to him'. *Peggio* is normally an adverb—its adjectival use her is a colloquialism.

11 **tutto intinto da strizzare** *lit.* 'All wet, fit to wring out', i.e. 'sopping wet'.

12 **perso da una parte** 'paralysed on one side'.

13 **Gli farà impressione la stampella** 'It's probably the crutch that scares him.'

14 **con tanto di pancia** 'with such a big belly'.

15 **pellàncica** F. May (*Short Stories, cit.*, p. 187) translates 'horrible blubbery mass of flesh'.

16 **alle prese col coltrone di cuoio** 'struggling with the leather curtain'. Such curtains are commonly used at church doors in Italy.

17 **il rigido di una grotta** 'the freezing cold of a cave'.

18 **sa d'appassito** 'smells musty'.

19 **godi, vola!** As if he were talking to the stone he has kicked: 'lovely, off you go!'

20 **ma attenti allora** 'but you had to be ready then . . .'

21 **È un attimo** 'You have only a split second.'

22 **gli sa di sfregio** 'seems to him like an insult'.

23 **da che tutto** 'whereas everything . . .'

LA CASA DELL'AGONIA

1935

First published in Il Corriere della Sera, *6 November 1935*

1 **di là** 'in there'.
2 **non sia mai** 'may it never happen'.
3 **trascorsa . . . nell'invito** 'since the time stated on the invitation had passed beyond all reasonable measure'.
4 **d'un fiato d'ombra appena** 'with the faintest breath (trace) of a shadow'.
5 **tanto** 'In any case'.

LA TARTARUGA

1936

First published in La Lettura, *August 1936*

1 **. . . fortuna** Such a belief may go back to the association of the tortoise with the god Hermes, god of chance and of tricksters, among other things. It may also be relevant to this story that, according to one myth, Hermes had one of his love affairs in the shape of a tortoise.
2 **Giuoca in borsa** 'He gambles on the stock exchange.'
3 **giuoca senz'altro al ribasso** 'he gambles without hesitation on the stocks falling'.
4 **Approfittàtene** 'make good use of it'.
5 **un po' ragazzone** 'a bit of an overgrown child'.
6 **Ma sí, Dio mio, non foss'altro** 'After all, heavens above, if for no other reason . . .'
7 **e di sulle bacchette d'ottone** 'and over the brass curtain rods . . .'
8 **Mistress Myshkow** Evidently Pirandello thought the original form of 'Mrs' was still used.
9 **confetti in una scatola** *confetti* are the sugared almonds that are handed round at Italian weddings (as we do slices of wedding cake). They too are sent to absent guests in special boxes.
10 **Proprio come . . . di suo** 'Just as if she had never contributed anything of her own, of herself . . .'

11 **Cosa da far cader le braccia** 'Enough to make you want to give up.'
12 **scesa in albergo** 'staying in a hotel'.
13 **di suo maggior gradimento** 'more pleasing to her'.
14 **Ma non vuole che manchi per lui** 'But he doesn't want to be the one at fault.'
15 **Non ci tiene affatto** 'He isn't in the least anxious.'
16 **variopinte luminarie** 'many-coloured electric signs'.
17 **dalle ringhierine a canestro** *lit.* 'with their basket-shaped railings', i.e. the railings with an outward curve that are often used around flower-beds.
18 **Waldorf Astoria** New York hotel.
19 **si fa brutto** 'gets nasty'.
20 **levarglisi dai piedi** 'to get from under his feet, to clear off'.

SELECTIVE VOCABULARY

Unless otherwise stated, nouns ending in -*o* are masculine and those ending in -*a* are feminine. To assist the student where accentuation is difficult, the stressed syllable has been indicated by an accent, although this does not appear in the text. Similarly the 'open' and 'close' pronunciation of stressed vowels *e* and *o* is distinguished by accents: open (grave) and close (acute). Words explained in the notes are not usually repeated in this vocabulary.

abate (*m.*) abbot
abbagliare to dazzle
abbajare to bark
abballinare to roll up
abbarbagliante dazzling
abbassare to lower
abbattiménto dejection
abbracciare to embrace
abbrancare to seize
abéte (*m.*) fir
accampare to camp
accanito relentless
accappiare to snare
accasciare to dispirit
accavallare to overlap
accecare to blind
accèndere to light; (*rfl.*) — *in volto* to blush
accennare to point; to refer; to beckon; — *di* (with *inf.*) to show signs of; to sing a few notes of
accertarsi to make sure
accéso fervent
accétta hatchet
acchiappare to catch

acciaccata squashing
accidentato person suffering from a stroke
accíngersi to get to work
acciottolato paving
accògliere to receive, to take in
accomodare to adjust; (*rfl.*) to sit down; to come in
accóncio suitable
accordare to grant
accòrdo agreement; *mettersi d'*— to come to an agreement
accórrere to hurry
accostare to draw up; (*rfl.* with *a*) to approach, to go up to
accréscere to increase
accucciarsi to settle down
accularsi to squat down
accusare to manifest; to accuse
acèrbo bitter
acquistare to acquire
acre bitter

adattare to adapt
addentare to sink one's teeth into
addentrarsi to penetrate
addiètro earlier
additare to point to
addogliare to pain
addolorarsi to be aggrieved
addormentarsi to fall asleep
addormentato asleep
adeguato adequate
adémpiere (a) to fulfil
adempiménto fulfilment
aderire to adhere
adirarsi to become angry
adirato angry
àdito outlet
adórno adorned
adunco hooked
aèreo airy, ethereal
afa oppressiveness
affacciarsi to appear
affannarsi to struggle, to strive
affannato panting, anxious
affanno anxiety
afferrare to grasp, to seize
affètto affection
affettuóso affectionate
affezionato (a) fond of
affidare to entrust
affievolire to weaken
affittare to let
affitto rent; prendere in — to rent
afflitto troubled
affocato fiery red
affogare to drown
affollaménto crowding
affondare to sink
affossato sunken, hollowed

affrettare to hurry
affumicato filled with smoke
aggirarsi to wander round
aggiúngere to add
aggobbato hunched
aggrapparsi to clutch
aggravarsi to become worse
aggrondato frowning
aggrottare — le ciglia to frown
aggrottato screwed up
aggrovigliolare to twist up
aggruppato hunched up, crouched
agguato ambush
agiato well-off
aguzzo sharp
ahimè alas
aja threshing floor
ajuòla flower-bed
alba dawn
àlbero tree; mast
albicòcca apricot
alga seaweed
alienare to alienate
alièno unconcerned; alien
alitare to waft
àlito breath
allargare to widen; to ease
allentarsi to slacken
allettare to entice
allevaménto breeding
allevare to raise
allibito terrified
allièvo (-a) pupil
allineare to set in line
allogare to place
allòggio lodging; — abusivo trespass
allontanare to remove; (rfl.) to go off

alloppiarsi to take opium
allorché when
allungare to stretch out; — *un calcio, un pugno* to let fly a kick, a punch
alterare to change; (*rfl.*) to become angered
alterato angered
alterígia arrogance
altrettanto as much; (*pl.*) as many
altriménti otherwise
altrui others, of others
altróve elsewhere
alunno student
alzata shrug
amaro bitter
ambàscia anguish
ambire to covet
améno pleasant
amor pròprio self-respect
ammaccare to dent
ammaccato hollowed
ammaestraménto teaching
ammansare to appease
ammazzare to kill
amméttere to admit
ammirato (**di**) full of admiration for
ammogliato married
ammontare to amount
ammorzarsi to fade
àmpio vast
àncora anchor
andare to go; — *a male* to go wrong; — *a monte* to come to nothing; — *a finire* to end up
àndito passage
anfiteatro amphitheatre
àngolo corner

angòscia anguish
angoscióso anguished
angústia distress
ànima soul
animato animated
ànimo mind, state of mind
annaffiare to water
annata year
annerire to blacken
annientare to annihilate
annodare to knot, to tie up
annunziare to announce
annusare to sniff
ansare to pant
ànsia anxiety
ansimare to pant
antica *all'*— in the old-fashioned way
antro cavern
anzi in fact, rather; before, earlier
anziché instead of
aombrare to shy
ape (*f.*) bee
appannare to dim
apparato fuss
apparécchio machine
appartato secluded
appassire to wither, to droop
appèndere to hang
appestare to plague
appiccicare to stick
appigliarsi to attach oneself
appoggiare to lean
appórre to affix
appòsta on purpose
appostare to place
appressarsi a to approach
apprèsso following, after
apprezzare to appreciate

approfittarsi to take advantage

appuntare to point

appuntire to purse

appunto precisely, just

arcano mysterious, awesome

ardito bold

argènteo silvery

argènto silver

arguto witty, intelligent

argúzia wit

arióso airy, light

armeggiare to wave about

arrabbiarsi to get angry

arrabbiato angry, maddened

arrèdo furnishings

arrovesciare to throw back; to overturn

arruffato tousled

arrugginire to rust

arzigogolato full of empty words

ascèlla armpit

asciugare to wipe

asciutto dry

ascólto *dare* — to pay heed; *in* — listening

asfíssia asphyxia

aspro harsh; abrupt

assaettarsi to spring, to dart

assaporare to savour

assassino murderer

assediare to besiege

assístere to be present

assòrto absorbed

assottigliarsi to diminish

assurdità absurdity

àstio grudge, rancour

astióso spiteful

astrarsi to withdraw

àtrio courtyard

atróce atrocious, terrifying

attaccare to attack

atteggiaménto attitude

attenérsi a to keep to

attènto attentive

atterrare to fell

atterrito terrified

attésa wait; *in* — waiting

attíguo adjoining

àttimo moment

atto act

attoniménto stupefaction

attòrcere to wind around

attorniare to surround

attórno around; *darsi* — to busy oneself

attrapparsi to curl up

attrézzo implement

attuare to realise

àula lecture room

autorévole authoritative

avanzare to advance; — *il passo* to walk more quickly; to be left

avanzi (*m.pl.*) remains

avéna barley

avéri (*m.pl.*) possessions

avvalérsi to make use

avvampato flushed

avvenire future

avventare to hurl; to stand out

avventóre customer, client

avvertire to become aware of (*tr.* and with *a*)

avvézzo accustomed

avviare to send off; (*rfl.*) to set off

avviliménto humilitaion

avvilito humiliated

avviluppare to enmesh

avvistarsi to become evident

avvocato lawyer
avvòlgere to wrap
avvoltolare to roll up

baccano din
bacchétta rod
baciare to kiss
bàcio kiss
baco silkworm
badare to be careful, to pay heed
badéssa abbess
baffo moustache
bagnarsi to get wet
bagno bath; bathing
bàja *dare la —* to mock
balbettare to stammer
baldanzóso bold
baléno flash
balla bale
ballonchiare to bob about
balneare (*adj.*) bathing
baluginare to flicker
balza frill
balzare to leap
balzo leap
banchina jetty
banco counter; bank
banda part
bara bier
barba beard; *rifarsi la —* to shave
barbagianni barn owl
barlume (*m.*) gleam
basito terror-struck
bastonare to beat
bàttere to beat
bàttito beat
bàvero collar
bearsi to be in one's seventh heaven

beato blissful
bèffa, joke, ridicule
beffardo mocking
beghina very devout woman
belare to bleat
bellézza beauty; *che —* ! wonderful!
benèssere (*m.*) well-being
benóne (*adv.*) fine
bèrcio screech
berrétta cap
bestemmiare to curse
béstia beast, animal; fool
bianchería linen
bidèllo attendant
bièco slanting
bighellóne (*m.*) idler
bígio grey
bigliétto da vísita visiting card
bilància scales
bile (*f.*) bile; anger
bílico *a — di* balanced on
bilióso peevish
binàrio line
birichino rogue
bisbigliare to whisper
bisognare to be necessary
bizza irritation
boccata mouthful
bòccia flask
bocciuòlo socket of candle-stick
boccóne (*m.*) mouthful
bòffice soft
bóllo stamp
borbottare to grumble; to mutter
bordatino ticking
bórgo village
bórsa stock exchange

borsétta purse
bottéga shop
bòtto *di* — suddenly
bòzza proof (printing)
bòzzolo cocoon
braccétto *a* — arm-in-arm
bracciata armful
bracciuòlo arm of chair
bracière (*m.*) brazier
branca flight of stairs
bravura skill
bríciolo crumb, scrap
briga trouble, problem
brigantino brig
brigare to pull strings
brívido shudder
brucare to nibble
bruciare to burn
brulichío rustling
bruma mist
brusca strand
brusío murmur
bucato washing: *di* — freshly
  washed
búccia skin of fruit
buco hole
bue (*m.*) ox
bufèra whirlwind
buffo ridiculous
bugía lie; candlestick
bugliòlo bucket
bújo (*adj.*) dark; (*n.*) darkness
buòna *alla* — unpretentious
burróne (*m.*) gorge
busta envelope; briefcase
busto trunk; bodice, corset
buttare to throw; (*rfl.*) — *a*
  piangere to burst into tears

cacare to shit
cacciare to chase, to drive

off; to utter; (*rfl.*) to thrust
  oneself
cadàvere (*m.*) corpse
caffeína caffeine
cagionare to cause
cagióne (*f.*) cause
cagna bitch; — *lupetta* Alsatian bitch
cala curve, sweep
calare to lower
calata setting
calcagno (*pl. le calcagna*)
  heel
calce (*f.*) whitewash
càlcio kick; *tirare un* — to let
  fly a kick; *prendere a calci* to
  give a kicking
càlice (*m.*) chalice
calotta skull-cap
calúnnia calumny
calunniare to calumny
calvízie (*f.*) baldness
calvo bald
calza stocking; knitting; *a* —
  knitted
calzante appropriate
calzare to shoe
calzatura footwear, hose
calzóni (*m.pl.*) trousers
camícia shirt
càmice (*m.*) tunic
campana bell
campèstre rural
canapè (*m.*) sofa
cancellata gate
candóre whiteness
cangiare to change
canna reed; cane; — *d'India*
  bamboo cane
cannocchiale (*m.*) telescope
cantina cellar

canto corner; *dal — suo* on her part

cantóne (*m.*) corner

canzonatòrio teasing

capace capable; capacious; *farsi —* to believe

capacitarsi di to credit

capatina quick visit

capitare to happen; to arrive

capolavóro masterpiece

càppio loop, noose

capra goat

capràjo goatherd

caprétto kid

capríccio caprice; *a —* arbitrarily

caprigno goat-like

caramèlla sweet

carbóne (*m.*) charcoal

carézza caress

caricare to load

càrico (*n.*) load; (*adj.*) laden, loaded

carità charity; *per — for* pity's sake

carne (*f.*) flesh

carpóni on hands and knees

carràja carriage road.

carriòla wheelbarrow

carròzza carriage

carrúcola pulley

carta paper; *— geografica* map

cartapècora parchment

cartellino card

cartièra paper mill

cartòccio paper bag

cartóne (*m.*) cardboard

casa da giuòco gambling house

casacca cloak

caso chance; case, affair, occasion; *fare —* to take notice

cassa chest

cassapanca large chest used as seat

cassétta box (of cab)

cassétto drawer

cassettóne (*m.*) chest of drawers

castagno chestnut tree

castigare to punish

castigo punishment

casúpola poor house, hovel

càttedra dais, teacher's chair

càuto cautious

cauzióne (*f.*) caution money

cava quarry

cavallo horse; *a — di* astride

cavare to take out, off; to extract; to pull out

cavo hollow

cèdere to give in

celèste blue

cenare to sup

cénere (*f.*) ash

cénno sign, gesture, nod

centenàrio centenarian

céppo bole; log

cerchiare to encircle

cerimonióso formally polite

céro wax candle

certuni certain people

cervèllo brain

cespúglio bush; tuft

cespugliato bushy

césta basket

chiarézza clarity

chiaróre (*m.*) brightness

chinare to bend (down)

chiòdo nail

chiomato leafy

o

chiunque anyone, whoever
cianca leg, shank
ciarlatanería quackery
cièco blind
cifra figure
cíglio eyelash
ciglióne (*m.*) crest
cima top
cinerúleo ashen
cínghia strap
cinta boundary
ciòcca lock (of hair)
ciondolare to dangle
ciòtola bowl
ciòttolo cobblestone
circospezióne (*f.*) circum-spection
cisti (*f.*) cyst
citare to summons
cittadino citizen
ciuffo tuft, forelock
clausura enclosure (monks, etc)
clivo slope
còccio earthenware, crock, pot; *i cocci* (*pl.*) pottery, crockery
cocènte burning
códa tail
cognata sister-in-law
cognizióne (*f.*) knowledge
colare to flow
collana necklace
collaudare to test
collèga (*m. or f.*) colleague
collègio boarding school
collétto collar
còllo neck
collocaménto position, job
collocare to place
cólmo full

colònia colony; holiday group
colónna column
cólpo blow; *di* — suddenly
coltróne (*m.*) padded curtain at church door
combinare to fix up
combinazióne (*f.*) chance
comígnolo chimney-stack
commésso shop assistant
comméttere to commit
commissióne (*f.*) errand
commòsso moved
commozióne (*f.*) agitation
commuòvere to move; (*rfl.*) to be moved
còmodo comfortable
comparire to appear
compassato formal, dignified
compassionévole pitiable
compatiménto compassion
compatire to be sorry for
compiacènte complaisant
compiacérsi to be pleased; to deign
compianto lament
cómpiere, compire to ac-complish, to complete
compíto (*adj.*) accomplished
cómpito (*n.*) exercise
compòrto tolerance, delay
compréso (**di**) filled (with), absorbed (by)
comprométtere to compro-mise
compunto sorrowful: res-trained
conchíglia shell
conciabròcche pot-mender
conciarsi to get oneself up
concime (*m.*) manure
concitato agitated

concitazióne (*f.*) agitation
concittadino fellow towns-man
conclúdere to conclude
concórso competition
condire to spice, flavour
conferire to be conducive
confètto sugared almond
confidènza familiarity
congiúngere to join
conoscènte (*m. or f.*) acquaintance
consacrare to consecrate
consapévole aware
conségna *dare in* — to entrust
consegnare to hand over
conseguire to obtain
consentire to permit, consent
consigliare to advise
consíglio advice
consuetúdine (*f.*) custom
consulènte (*m.*) adviser
consulto consultation
consunto wasted, worn
contadino peasant
contegnóso dignified
contenére to contain; (*rfl.*) to control oneself
cónto account; *in fin dei conti* after all; *a conti fatti* when all is said and done
contornare to surround; to outline
contrarre to contract
convégno appointment
conveniènte proper
convenire to be necessary; to suit
convivènza living together
copèrta rug, blanket; deck; *in* — on deck

cordòglio grief
cornice (*f.*) frame; top
còrno horn
cornuto horned
còro chorus
corpétto bodice
córte (*f.*) yard
cortèo procession
còscia thigh
cosciènte conscious
cosciènza knowledge, consciousness; conscience
cosicché so that
cospètto view; *al* — *di* in view of
cospícuo prominent
costa slope
costeggiare to border
costernato appalled, dismayed
costríngere to compel
cotóne (*m.*) cotton
còtto cooked
covare to nourish; to linger; to hatch
cozzare to butt
crànio cranium
creatura creature; child
crepare to split; to die
crèpito rending
crepuscolare (*adj.*) twilight
crepúscolo (*n.*) twilight
crescènza growth
créscere to grow
créspo curly
crícchio creak
cròcchio group
crocè (*m.*) crochet; *a* — crocheted
crocefisso crucifix
crocícchio crossroad

crollare to collapse
cròllo nod
crudèle cruel
crudo raw
cucire to sew
cucitura stitching
cúffia nightcap
cuojàceo leathery
cuòjo leather
cupo dark
cura care
curare to care for; (*rfl.*) to take care, to bother
curiosare to nose about
curvo bent
custòdia safe-keeping
custodire to guard

daccapo once again
danno harm
dare to give; — *del voi*, to address as *voi*; — *a vedere* to show; *darla vinta* to give in; — *indietro* to step back; *darsi attorno* to busy oneself
dato item
davanzale (*m.*) sill
davvéro really
débito (*n.*) debt; (*adj.*) proper
decaduto decayed
declívio slope
decòro decorum, dignity
decrepitézza decrepitude
defórme deformed
dégno worthy
degradante sloping down
delitto crime
delízia delight
deperiménto decay
deplorévole deplorable
depórre to deposit

depòsito left luggage office
derídere to deride
derisòrio derisive
desidèrio desire
destare to awaken
dettare to give (lecture)
dettatura dictation
diàcono deacon
diavolería devilment
diàvolo devil; *che* — what the devil!
dibàttersi to struggle
dichiarare to declare
differiménto postponement
diffidènza mistrust
diffuso widespread
digrignare to gnash
dilacerare to tear to pieces
dilúvio flood; *piovere a* — to pour down
dimissionàrio one who resigns
dimòra dwelling
dimostrare to demonstrate
dintórni (*m.pl.*) surroundings
dipíngere to paint
dirrettrice headmistress
dirimpètto a opposite
diritto right; law
dirupato precipitous
discórso talk, speech
disegnare to design; to mark
disfatto unmade
disgràzia accident
disgraziato (*n.*) poor wretch
disinganno disillusionment
disinvòlto easy (manner)
dispètto scorn; *a* — *di* in spite of
dispórre to arrange; (*rfl.*) to prepare

disprèzzo contempt
distaccaménto detachment
distare to be distant
distéso stretched out
distinto distinct; distinguished
distrarre to distract
distratto absent-minded
distrúggere to destroy
divertiménto amusement
divièto prohibition
divòto devout
dogana customs
dòglia (labour) pains
dolènte sorrowful, grieved
dolére, dolérsi to grieve, to hurt
domèstica maidservant
dónde whence
dondolío swaying
doppiare to turn round
dormènte (m.) sleeper
dòrso back
dòse (f.) dose, amount
dòsso back; di — from one's back
dòte (f.) gift; dowry
dubitare to doubt
durare to endure, to last
durévole lasting
durézza harshness

ebbène well then
ebbrézza intoxication
èbbro intoxicated
echeggiare to echo
èco (f.) echo
edificare to build
edifício building
edilízio (adj.) building
effettuarsi to take place

efficàcia efficacy
effígie (f.) effigy, portrait
egrègio worthy
eguale equal
élmo helmet
elogiare to praise
enfiato swollen
epístola epistle
equilíbrio balance
equívoco equivocal situation
erède (m. and f.) heir
errare to wander
érto steep
esalare to exhale; to rise
esaltare to exalt
escandescènze (f.pl.) dare in — to flare up in a temper
esercitare to exercise
esèrcito army
esigènza exigency
esíguo very small
èsile slender
esilità slenderness
espiazióne (f.) expiation
espórre to expose
espositivo expository
estivo (adj.) summer
estenuarsi to grow faint
esterrefatto appalled
estràneo (adj.) extraneous, alien; (n.) stranger
èstro wit, fancy
esultante exultant

fàbbrica factory
fabbricare to manufacture
faccènda job; matter
facciata side (of paper)
fagòtto bundle
falda slope; tail (of coat)
fallire to fail, to miss

fanale (*m.*) lamp
fanciulla girl
fanciullézza girlhood, boyhood
fantasmagòrico fantastic
fantasticare to dream, to indulge in fancies
fare to do, make; to say; (*rfl.*) to go; — *a meno* to do without; — *a tempo* to be in time; — *per* to start to, be about to.
farfalla butterfly
farmacía chemist's shop
fàscio bunch, bundle
fastídio annoyance, bother
fastóso splendid
fatalità destiny
fatica labour
faticare to labour
fattóre (*m.*) farm bailiff
favata bean crop
fàvola story, fable
fazzolétto handkerchief
fèbbre (*f.*) fever
fedéle faithful; *i fedeli*, congregation
fedeltà faithfulness
fémmina female, girl
fèndere to split
feriménto wound
ferita wound
feròcia ferocity
fèrro iron; horseshoe
fèrvido ardent
fèsta fuss
festuca wisp
fètido stinking
fiammífero match
fiato breath; *riprendere* — to get one's breath back

fíbbia buckle
ficcare to thrust, to stick
fico fig
fidanzata (**-o**) fiancée (**-é**)
fidarsi to trust, to believe in
fido faithful
fièra fair
fièro fierce
fíggere to thrust
figurarsi to imagine
filo blade; thread; *di* — without a break; — *di ferro* wire; *con un* — *di voce* in a faint voice
filza string
finanche even
fine (*f.*) end; *alla fin fine* in the end
finto false
fiòcco bow
firma signature
fischiare to whistle
físchio whistle
física physics
fissare to fix; — *gli occhi* to stare
fitto thick
fòggia style
foggiare to form
follía madness
fólto thick
fóndo back; bottom
forare to pierce
forbire to wipe
forestièro (*adj.*) from another part of the country
formica ant
formicolío tingling
fornaciàjo kiln owner
fornèllo cooking compartment of fuel stove

fornire to supply
fóro hole
fòrza force; *per* — of necessity, of course; *a* — *di* by dint of; *farsi* — to be brave, force oneself
fragóre (*m.*) roar, din
fragoróso noisy
frastornare to distract
frecciata arrow shot; cutting reply
fregata rub
frèmere to tremble
frèmito tremor, shudder
frenare to check
frenètico frantic
fréno brake; *tenere a* — to keep in check
frescura cool
frettolóso hurried
frígido freezing
frivolézza frivolity
frónda branch, foliage
frónte (*f.*) forehead
fròtta group
frullo flutter; whirr
frusciare to rustle
fuggire to flee
fúlmine (*m.*) thunderbolt
fune (*f.*) rope
furbésco sly
furènte furious
fúria fury; great haste; *su le furie* in a fury; *di* — hastily; *a* — *di* by dint of
furibóndo furious, enraged

gabbare to fool
gagliardo robust, vigorous
gàjo gay
galantería knick-knack

galèra prison; *pezzo da* — jailbird
gallina hen
gallo cock
gàmbero lobster
gambo stalk
garbato polite
garbo grace; *con* — politely, gently
garbúglio mix-up, tangle
garrire to flap
gelare to freeze
gèlo (*n.*) freezing cold
gelóso jealous
gèmere to groan
gèmito groan
genuflèttersi to genuflect
gerànio geranium
gestire to gesticulate
gettare to throw
ghermire to seize
ghigno smirk
ghisa cast iron
già already; of course, indeed
giacca jacket
giara jar
giocàttolo toy
giógo yoke
giornalièro daily
giornante (*m.*) day labourer
giornata day; day's work; *a* — by the day
giovanile youthful
giovanilità youthfulness
gioventú (*f.*) youth
giovinézza youth
girata turn; walk
giro circle; area; *prendere in* — to make fun of
giudicare to judge
giúdice (*m.*) judge

giudízio judgement; — *universale* Last Judgement
giunta *per* — in addition
giuntura joint
giuraménto oath
giurare to swear
giustízia justice
gòbbo hunchback
góccia drop
godére to enjoy
godiménto enjoyment
gòffo clumsy, awkward
góla throat; greed
golétta schooner
gómito elbow
gonfiare to swell, to puff out
gónfio swollen
gòta cheek
gràcile thin, slender
gradiménto liking
gradino step
grandinata hailstorm
gràndine (*f.*) hail
grassume (*m.*) grease
grattare to scratch
gratúito free, without paying
gravare to weigh upon
gravézza heaviness
gràvido pregnant
gravóso weighty
gràzia grace; *fare* — to do a favour; *di* — kindly
grégge (*m.*) **grèggia** flock
grembiule (*m.*) apron
grèmbo womb
gremito thick
gréto stony river bed
grígio grey
grillo cricket
grónda eaves
grossolano gross

grovíglio tangle, intricate pattern
grugnito grunt
guàio trouble; *guai!* woe betide!
guaíto whine
guància cheek
guanciale (*m.*) pillow
guàrdia guard; *di* — on duty
guastarsi to break down
guerrièro warrior
guizzare to flicker; to squirm, to writhe
guizzo flash
gusto taste; pleasure

idèa idea; *farsi un'* — to conceive
ignomínia ignominy
ignorare to be ignorant of
ignòto unknown
illividire to become dark
illúdere to delude
imbalordito bewildered
imbarazzato embarrassed
imbarazzo embarrassment
imbarcare to embark, to load
imbàttersi in to run into, to meet
imbestialire to infuriate
imbizzarrire to get excited
imboccare to turn into (street)
imbottire to stuff
imbozzacchito shrivelled
imbroglióne (*m.*) trickster
imbuto funnel
immacolato immaculate, pure
immalinconire (and *rfl.*) to grow melancholy

immischiarsi to interfere

immiserire to become, to make wretched

immóndo filthy

impacciato embarrassed

impàccio embarrassment

impadronirsi to take possession

impallidire to grow pale

impassíbile unfeeling

impastare to knead

impaurire to frighten

impazzire to go mad

impedire to prevent; — *il passo* to prevent entry

impégno zeal; undertaking

impellicciato in a fur coat

impennacchiato tufted

imperízia lack of skill

imperlato beaded

imperversante raging

impiccare to hang; to pin

impíccio difficulty, nuisance, encumbrance

impiegato clerk, office worker

impiègo job

impigliato caught

impolverare to become dusty

impórre to order, to impose

impostato placed, set

imprésa undertaking

imprescindíbile indispensable

impressionare to impress

imprevisto unforeseen

imprigionare to imprison

imprónta impression

improvviso unexpected; *all'* — unexpectedly, suddenly

impuntarsi to buck

imputato accused

inabissato engulfed

inamidare to starch

innamorarsi to fall in love

inanellato ringed

inappuntàbile irreproachable

inaridire to dry up

inaspettato unexpected

inaudito unheard of

inavvertitaménte without realising

incallito hardened, horny

incalzare to follow up, to insist

incancellàbile indelible

incantare to enchant

incantévole enchanting

incartaménto file

incartare to wrap

incèndio fire

inchiodare to nail

inciampare to stumble

incídere to engrave

incignare to begin; to use for the first time

incinta pregnant

incolpare to blame

inconcludènte inconclusive

incorniciare to frame

incrèdulo incredulous

increspare to wrinkle

incrollàbile unshakeable

incrostato encrusted

incrudirsi to become worse

incupito darkened

incuriosirsi to become curious

incútere to cause, to induce

indàgine (*f.*) investigation

indégno unworthy

índice (*m.*) index finger

índole (*f.*) temperament

indolenzito aching
indossare to put on, to wear
indugiarsi to pause, to linger
indurire to harden
indurre to induce
inebetito stupefied
inerpicarsi to clamber up
infame infamous
infàmia infamy
infamità infamy
inferire to infer
inférmo ill
inferocito enraged, maddened
infervorato full of fervour
infestare to plague
infilare to go through; (*rfl.*) to slip (into)
infischiarsi di to thumb one's nose at
infocarsi to become red hot
infóndere to infuse
inforcarsi to put on (spectacles)
infrontare to bring together
ingannare to deceive
ingarbugliare to tangle up
ingegnarsi to contrive, to attempt
ingégno intelligence
ingiallire to grow yellow
ingiúria insult
ingiustízia injustice
ingombrare to encumber
ingómbro (*n.*) encumbrance; (*adj.*) cluttered
ingórdo greedy
ingrommato encrusted
inguaríbile incurable
iniezióne (*f.*) injection
iníquo iniquitous

inno hymn
innòcuo innocuous
innumerévole innumerable
inopinato unexpected
inorridito horrified
inovviàbile irremoveable
inquièto uneasy
insaldare to starch
insellare to stick on (spectacles)
insídia trap
insidiare to undermine
insètto insect
insòlito unusual
insomma in short; well now
insònne sleepless
insopportàbile unbearable
insórgere to rise
insudiciare to make filthy
insulso empty, pointless
intanfato made musty
intanto meanwhile
intartarito gummed up (of pipe)
íntegro whole
intemerato pure
intèndere to understand; to intend; to mean
intenerire to move to pity; (*rfl.*) to be moved
intentare to bring (lawsuit)
intéro entire
interpórsi to intervene
intersecare to intersect
inteschiato skull-like
intimità intimacy
íntimo (*adj.*) intimate; (*n.*) close friend
intirizzito frozen
intonacare to plaster
intontiménto daze

intravedére to glimpse
intrecciare to clasp, interlace
intréccio interweaving
intrigante scheming
intronato deafened, dazed
intruso intruder
inverdire to become green
inverosímile unlikely, incredible
inviare to send
invídia envy
invidiare to envy
inviperito enraged
invogliarsi to get the desire
involtare to wrap up
invòlto package
ipocrisía hypocrisy
irrefrenàbile irrepressible
irrepetíbile unchallengeable
irrisióne (*f.*) mockery
irto irritable; bristling
iscrizióne (*f.*) registration
íspido prickly, bristly
istante (*m.*) moment, instant
istinto instinct
istitutrice governess

làbile fleeting, unstable
ladro thief
lagnarsi to complain
làido foul, obscene
lamentóso mournful
lampante clear, obvious
làmpada lamp; — *a sospensione*, hanging lamp
lampióne (*m.*) lamp
lampo lightning flash
lana wool
lanóso woolly
lanciare to throw
lantèrna light (of lighthouse)

larva spectre
làscito legacy
lastricato paving
lastróne (*m.*) slab of stone
latta tin
làurea degree
lavabo washbasin
lavaggio washing
lavagna blackboard
lavamano washstand
léccio ilex oak
lécito permissible
legame (*m.*) link
legare to tie
légge (*f.*) law
leggerézza frivolousness
leggío lectern
lémbo edge, flap, side
lènte (*f.*) lens; (*pl.*) spectacles
lenzuòlo (*pl. le lenzuòla*) sheet
lèrcio filthy
lèsto quick
lèttera letter; *belle lettere*, literature
lettiga stretcher on wheels
levare to raise; to end; — *di mezzo* to remove, get rid of
levigare to smooth
lí — *per* — at that moment
lième light, soft
lindura neatness
lingua tongue; *mala* — gossip
lisciare to smoothe
líscio smooth
lite (*f.*) quarrel; lawsuit
litigare to quarrel
lodare to praise
loggiato gallery
logorare to wear out
lógoro worn
lontananza distance

lontano far; *di* — remotely
lottare to struggle
luògo place; *avere* — to take place; *in* — *di* instead of
lucènte shining
lucèrtola small lizard
lúcido bright
lúgubre lugubrious
luminària illuminated sign
lumino small lamp
lupigno wolfish
lupo wolf; *cane* — Alsatian; *tempo da lupi*, terrible weather
lustro (*n.*) lustre; (*adj.*) shiny
lutto mourning

ma che (**macché**) indeed! (as a scornful negation); — *medico?* Doctor, indeed!
màcabro macabre
màcchia blemish
macchiarsi to soil oneself
macigno rock
maestóso majestic
maestrina primary school teacher
magari perhaps, probably; if only
maggioranza majority
majale (*m.*) pig
majòlica majolica
malaménte rudely
malaugurato regrettable
maledétto cursed
maledire to curse
maledizióne (*f.*) curse
malignare (*n.*) gossip, slander
malinconía (*n.*) melancholy
malincònico (*adj.*) melancholy

malo wicked, spiteful
mammèlla breast
manca left
mancare to be lacking
màndorlo almond tree
mane (*f.*) morning
mangiatója manager
mangiucchiare to nibble
mànica sleeve
manicòmio asylum
maníglia handle
mano (*f.*) hand; *sotto* — to hand; *a* — *a* — little by little
mansuèto meek, gentle
manteniménto maintenance
marina sea
marinàjo sailor
marinaro seafaring
mariòlo rogue
marsina tail-coat
marmo marble
martòrio martyrdom
màschio male, boy
masticare to chew
màstice (*m.*) glue
mastodòntico (*adj.*) mammoth
materassa mattress
matrice (*f.*) womb
matterèllo rolling-pin
matto mad
mazzo, mazzolino bunch
medicinale (*m.*) medicine
mèglio (*adv.*) better; *alla* — as best one can
méla apple
melanconía melancholy
mendicare to beg
méno less, least; *per lo* — at (the) least

ménto chin
mercantile (*adj.*) merchant
mercé by means of
mercería haberdasher's shop
merciàjo haberdasher
merènda snack
meridionale southern
meritare (and *rfl.*) to deserve
merlétto lace
méssa mass
messale (*m.*) missal
mestízia sadness
mèsto sad
mèta destination
metà half; *a* — half-way
mètro metre; rule
mezzogiórno south: midday
miagolare to whine
míglio mile
mígnolo little finger
minàccia threat
minacciare to threaten
minimamente in the slightest
mínimo smallest
minuzióso painstaking
miràbile admirable
mirare to gaze at
misconóscere to misunderstand
misèria misery, wretchedness; poverty
mísero wretched
mistèro mystery
misurare to measure
mo' = *modo*; *a* — *di* by way of, like
mòbile (*m.*) piece of furniture; (*pl.*) furniture
mobiliato furnished
mòda fashion; *passare di* — to go out of fashion

móglie (*f.*) wife; *dare in* — to give in marriage
mòlla spring
mòlle soft; — — tired, languid
mòlo mole, wharf
momentàneo momentary
momÉnto moment; *a momenti* at any moment
mònaca nun
monèllo urchin
montano (*adj.*) mountain
montare to mount; to get into
mòrdere to bite
mormorare to murmur
mòrso bite
mortàjo mortar
mortuàrio (*adj.*) of death
moscerino midge, small fly
mòssa movement
mósto must, fermenting wine
móstro monster
mòta filth
múcchio heap
muggire to grumble, to groan
mulattière (*m.*) mule driver
município town hall
munire to furnish
muríccia low wall
musco moss
múscolo muscle
muso muzzle, nose
musicare to set to music
mússola, mussolina muslin
mutande (*f.pl.*) underpants, drawers
mutévole changeable
mútria sulkiness

narice (*f.*) nostril
nari (*f.pl.*) nostrils

narrare to tell
nascondíglio hiding place
nastro ribbon
natali (*m.pl.*) birth
nàufrago person shipwrecked
negòzio deal; shop
némbo cloud
nétto clean
nido nest
nienteméno no less
nipóte (*m.* and *f.*) niece, nephew
nòcca knuckle
nóce (*f.*) ankle bone; walnut
nòdo knot
nodóso knotty
nòja nuisance, bore
nòlo hire; *prendere a* — to hire
nomígnolo nickname
nòmina appointment
noncuranza indifference
nonnulla (*m.*) trifle
nonostante notwithstanding
notàjo notary, solicitor
notízia news
notturno (*adj.*) night
nòzze (*f.pl.*) marriage
núbile unmarried
nuca back of neck
nulla nothing; *per* — (not) at all; *da* — insignificant
nuziale (*adj.*) marriage

obbediènza obedience
obbedire to obey
òca goose
occhialétto lorgnette
occhiali (*m.pl.*) spectacles
occhiata glance
òcchio eye; *con tanto d'occhi* staring; glaring

occórrere to happen
odióso hateful
odóre (*m.*) scent, smell; *d'* — scented
offésa offence
offício post
ógni every; — *qual volta* whenever
òlio oil
oltralpe beyond the Alps
óltre (**che**) besides, beyond
oltremare overseas
omaccióne big man
ómbra shadow, shade
onorario honorarium
ónta shame
opaco opaque
opportunità opportuneness
opportuno opportune
óra hour; time; now; *or* — only just; *a loro non pareva l'ora* they couldn't wait
orbène well then
ordigno contrivance
órdine (*m.*) order; row of seats
òrfano orphan
orfanotròfio orphanage
orgasmo extreme agitation
orgóglio pride
orgoglióso proud
orlare to border
órlo edge
ormai by now
ormeggiare to moor
osare to dare
oscèno obscene
ospízio — *di matti*, asylum
oscurare to darken
ossequiare to pay one's respects

ossígeno oxygen
ostacolare to impede
òstia host
ostinato obstinate
ottantènne eighty years old
ottóne (*m.*) brass
otturare to block up
ovato oval
óve where; if
ozióso idle

pacato calm
pacco parcel
padrino second (in duel)
padróne master
pàglia straw
palla bullet, ball
pallino knob
palménto wine press
pàlpebra eyelid
panca bench
pància stomach, belly
panciòtto waistcoat
panni (*m.pl.*) clothes
pantòfola slipper
paonazzo purple
papalina smoking-cap
paranza fishing boat
parare to dress up, to adorn;
 to hold out; to ward off;
 pararsi davanti to go up to
parata *di —* for special occa-
 sions, for show
paréte (*f.*) wall
pari (*n.*) peer; (*adj.*) equal;
 del — equally; *a —* on a
 level
partènza departure; *in —*
 departing
partito course; advantage
parto birth

pasciuto fed
pàscolo pasture
passante (*m.*) passer-by
passata *di —* in passing
passeggiata walk, stroll
passéggio walk
passo step, passage
pasta cake
pasticcería pastrycook's
pasto meal
pastrano overcoat
pastura pasture
patentato licensed
patènte (*f.*) licence, diploma
patire to suffer
patito sickly
patto condition
paviménto floor
pazzía madness
pazzo mad
pégno pledge
pèlle (*f.*) skin
pélo hair
pelóso hairy
péna difficulty, distress; *a
 mala —* scarcely
pèndere to hang
pendío slope; *in —* sloping
pèndola pendulum clock
pennàcchio plume, tuft
penóso painful; *penosamente*
 with difficulty
pentirsi to repent
perbacco! by Jove!
percuòtere to hit
pèrdere to lose; (*rfl.*) to
 become confused
perdío! by God!
pèrdita loss; *a — d'occhio*, as
 far as the eye can see
perízia examination

perseguitare to persecute
pertanto therefore
pervenire to arrive
pésca fishing, catch
pestare to stamp
petròlio paraffin
pettinare to comb
pettinatura hair-style
pèttine (*m.*) comb
petto breast, chest
pèzzo piece; period, time
piacére (*v.*) to please, be pleasing; (*n. m.*) pleasure, favour
piàggia slope
pianeròttolo landing
pianéta chasuble
piano plan; — *regolatore,* town plan
piantare to plant
pianto weeping
pianura plain
piatto flat
picchiare to knock, to hit
pícchio blow
piccóne (*m.*) pick
piède (*m.*) foot; *in punta di* — on tiptoe; *fuori dai piedi* out of the way
piegare to bend; to turn; (*rfl.*) to yield
pienòtto plump
pietra stone
pigióne (*f.*) rent
pigolare to complain
pinguèdine (*f.*) obesity
piombare to fall, descend (upon)
piómbo lead
pisolare to snooze
placare to placate

plúmbeo leaden
podére (*m.*) farm, property
poderóso weighty
poggiare to rest, to lean
pòggio hill
pólla spring
pòllice (*m.*) thumb
polmóne (*m.*) lung
polpàccio calf
poltróna armchair
pólvere (*f.*) dust
póppa poop
pòrco pig
pòrgere to offer
portinàjo porter
positura position
pósto place; position
potènza power
pózzo well
pràtica formality; step
praticare to bore (hole)
preavviso forewarning
precàrio precarious
precettóre instructor
precipitare to rush; to hurl down
prèda prey
predèlla foot-pace (of altar)
prèdica sermon
pregare to ask; to pray
preghièra request; prayer
pregiato esteemed
pregustare to anticipate
prèmere to press
prèmio reward
premura solicitude
premuróso solicitous
prèndere to take, to hold; — *a* to start to
prepotènte overwhelming, irrepressible

prepotènza arrogance
prescrívere to prescribe
prése *alle* — *con*, struggling with
prestare to lead; — *attenzione* to pay attention
prète priest
pretèndere to demand
pretenzióso pretentious
pretésa claim
pretèsto pretext
prevedére to foresee
prevenire to warn, to advise
prima first, before; *in* — at first
privare to deprive
procacciare to obtain
procèsso case, trial
pròda verge
prodígio miracle, prodigy
prodótto product
proferire to utter
profumare to perfume
prònao pronaos, vestibule of temple
pronunziare to pronounce
propòsito purpose; *fuori di* — off the subject
proprietàrio owner
prorómpere to burst out
prorompiménto outburst
proseguire to pursue
prosternare to prostrate
protèndere to stretch out
protocòllo foolscap
provare to try; to experience, to feel
provvedére to provide
provvisòrio provisional
pugno (*pl.*, *le pugna*) fist
pulito clean; elegant

pungènte sharp
punta tip, end
punto point; stitch, rivet; *non* —, not at all; *né* — *né poco* not in the slightest
puntualità scrupulousness
pure yet, however, just the same
purtròppo unfortunately
puzzo stink
puzzolènte stinking

quadèrno exercise book
quadrato square
quando when; *a* — *a* —, every so often
quatto quatto very quietly
quèrce (*f.*) oak tree
querèla summons, lawsuit; *sporgere* — to start proceedings
querelarsi to bring a lawsuit
questura central police station
quotidiano daily

ràbbia anger, rage
rabbióso enraged
rabbrividire to shiver, to shudder
rabbuffato rumpled up
raccappricciare to shudder
raccattare to pick up
racchiúdere to contain
raccògliere to gather together; to pick up; to join
raccòlta harvest
raccorciare to shorten
raccostare to close
ràdere to shave
radicare to root
rado sparse; *di* — rarely

radunare to gather together
raffagottato wrapped up
raffermare to reaffirm
ràffica gust of wind
raffondare to sink
raggiornare to become day again
ragguardévole notable
ragno spider
rallegrarsi to cheer up
rame (*m.*) copper
ramo branch
rampicante (*m.*) climbing plant
rannicchiarsi to huddle
rapina prey
rappòrto relation
rappresentare to represent, to describe
rappresentazióne show; — *di gala*, gala performance
rappréso solidified
rasato sateen
raschiatura scraping
rasòjo razor
raspío scraping
raspóso scratchy
rasségna review
rassegnato resigned
rasserenarsi to become serene
rassicurare to reassure
rattrappito stiff
ravviare to tidy
ravvisare to recognise
ravvivare to brighten, to freshen
ravvòlgere to wrap up
razza race; kind
razzo rocket
recalcitrare to kick

recapitare to deliver
recare to bring; (*rfl.*) to go
recinto area
reciso decided, abrupt
reclamare to demand
regalo present
règgere to support; to stand it
règio royal
regnare to reign
remissióne (*f.*) remissiveness
remòto remote
rène (*f.*) kidney; (*pl.*) small of the back
repentaglio risk; *mettere a* — to jeopardise, endanger
reprímere to repress
règuie (*f.*) rest, peace
respíngere to push back
respirare to breathe
rèssa crowd, throng
restare to remain; to be amazed; — *male* to be offended
restío reluctant, stubborn
restríngere to restrict
rètta *dare* — to pay attention
riassúmere to sum up
riavviarsi (*rfl.*) to set off again
ribadire to drive home, to confirm
ribrézzo repugnance, disgust
ributtare to expel
ricàmbio exchange
ríccio (*n.*) curl; (*adj.*) curly
ricérca investigation
ricètta recipe
richiamo connection, association
ricompórsi to compose oneself

riconfortarsi to revive oneself
ricóvero shelter
ricusarsi to refuse
ridestarsi to wake up
ridurre to reduce; (*rfl.*) to end up
rientrare to go, come back home
riferire to refer, to report
rifiatare to breathe again
riflessióne (*f.*) reflection
riflèsso reflection
riflèttere to reflect
rigirare to turn around
rilasciare to issue
rilevare to point out
rimbalzo rebound
rimbeccare to retort
rimboccatura fold, tuck
rimèdio remedy
rimétters i to recover; to start again
rimónda lopping, pruning
rimorchiare to tow
rimpianto regret
rimproverare to reproach
rimpròvero reproach
rincalcata tug down
rincarare to raise, to increase
rincasare to return home
rintronare to ring out
rinunziare to renounce, to give up
rinvenire to recover
riparare to shield; to repair
riparo protection
ripiegare to fold; (*rfl.*) to bend back
ripòso rest; *a* — retired
riprèmere to press
risarcire to restore, to heal

risata laugh
riscaldare to heat; (*rfl.*) to become heated
riscattare to redeem
rischiarare to light up
riscuòtere to rouse
risentito offended, resentful
riso (*pl. le risa*) laughter
risparmiare to save
rispàrmio saving
rispettàbile respectable
rispètto respect
rissa brawl
ritardare to delay
ritégno restraint
rito rite; *di* — ritual
ritrarre to withdraw
ritratto portrait
ritto erect
rivelare to reveal
rivíncita revenge
rivista journal, review
rivòlgere to direct; (*rfl.*) to turn, to apply
rivoltare to invert
rivoltèlla revolver
rizzare to straighten
roccióso rocky
ròco hoarse
romanzo novel; romance
rombante buzzing, booming
róndine (*f.*) swallow
ronzare to buzz; — *intorno*, to hang around
ròseo pink
rossigno reddish
roteare to whirl
rotolare to roll
ròtolo roll
rovesciare to overturn; (*rfl.*) to pour down

rovèscio downpour
rovina ruin
rovinare to ruin
rózzo rough
ruga wrinkle
rugóso wrinkled
rugumare to nibble, to graze
rumoróso noisy
ruzzare to romp
ruzzolare to fall down, to roll

sacchéggio sack
sacerdotale priestly
sacerdòte priest
sacro sacred, holy
sacrosanto sacrosanct
saetèlla bit (of drill)
saldatura join
salòtto drawing room
salpare to set sail
salto jump
saluto greeting
salvézza safety
sanare to mend
sanguigno ruddy, full-blooded
santità saintliness
sapiènza wisdom
sapóre (*m.*) taste
sarta dressmaker
sartiame (*m.*) rigging
sasso stone, rock
sassóso stony
saziare to satiate, to satisfy
sbadigliare to yawn
sbalordiménto amazement, bewilderment
sbalordire to amaze, to daze
sbandire to broadcast, to proclaim

sbaràglio *allo* — taking foolish risks
sbarra bar
sbarrato wide open
sbarrazzarsi di to get rid of
sbatacchiare to slam
sbièco crooked, askew
sbigottito dismayed
sbilènco lopsided, crooked
sboccare to come out
sbocciare to bloom
sborsare to pay out
sbottonare to unbutton
sbraitare to bawl
sbrendolato tattered
sbrigare to deal with
sbuffare to puff
sbuffo puff, snort
scacciare to dismiss, to chase away
scaffalato fitted with shelves
scaffale (*m.*) set of shelves
scàglia shell
scagliare to hurl
scalo quay
scampo escape
scansare to avoid
scansía bookcase
scaparsi to rack one's brains
scappare to flee, to escape
scaraventare to hurl
scaricatóre unloader
scarmigliato dishevelled, ruffled
scàtola box
scattare to burst out
scatto jump, start; *di* — with a start, suddenly
scavalcare to climb over
scélta choice
scémpio havoc, destruction

schérma fencing; *tirare di —* to fence

schérno mockery

schérzo joke

scherzóso joking

schiacciare to crush, to squeeze, to press

schiaffeggiare to slap

schiaffo slap; *prendere a schiaffi,* to slap

schièna back

schiètto pure

schifóso disgusting

schiúdere to open

schivare to avoid

sciagura disaster, calamity

sciagurato (*adj.*) unfortunate; (*n.*) wretch

scialle (*m.*) shawl

sciarpa scarf

scímmia monkey

scintillare to sparkle

sciocchézza foolishness

sciòcco (*adj.*) foolish; (*n.*) fool

sciògliere to resolve; to dissolve

sciupare to waste; to spoil

scivolare to slip

scolaro (-a) schoolboy (-girl)

scombujarsi to become upset

scomodare to disturb

scompagno odd, not matching

scomparire to disappear

scompigliato disordered

scompíglio confusion

scompórre to disarrange; (*rfl.*) to lose one's composure

scompósto disordered, irregular

sconciare to spoil

sconfidènza lack of confidence

sconfinato boundless

scongiurare to beg, to implore

scongiuro exorcism

sconquassare to shatter

sconsigliare to advise against

sconsolato disconsolate

scontare to expiate, to atone for

scontòrcere to twist up

scontróso cantankerous

sconvòlgere to confuse; to overturn

scopèrta discovery

scoppiare to burst (out); to explode

scòppio outburst; explosion

scoprire to reveal, to uncover, to discover

scoraggiaménto discouragement

scoraménto acute depression

scòrgere to perceive

scórrere to run (out)

scostare to push aside

scovare to unearth

scriminatura parting (of hair)

scrittójo study

scritturale clerk

scrivanía writing desk

scrollare to shake; to shrug

scròscio downpour

scucirsi to become unstitched

scucitura unstitched place

scuòtere to shake; to shrug

sdégno scorn, disdain, indignation

sdegnóso scornful
sdrajarsi to lie down
sdrajato lying
seccare to annoy
sécchio bucket
secolare age-old
sède (*f.*) office
sedére to sit; *porsi a* — to sit up
sèggiola chair
seggiolóne (*m.*) armchair
segnare to mark
seguace follower
seguitare to continue
sèlla saddle
sellare to saddle
sellino bridge (of spectacles)
selvàggio savage
séno breast
sensíbile sensitive
senz'altro without more ado
serbare to keep
sèrio serious
serrare to close, to lock; to clench
sèrvo (-a) servant
séta silk
sfaccendato (*n.*) idler
sfagliare to rear
sfarinatura crumbs
sfarzo splendour, magnificence
sfavillare to sparkle
sferzare to lash
sfida challenge; *a* — challenging
sfidare to challenge
sfilata procession
sfoderare to pull out
sfogarsi to give vent to one's feelings

sfógo vent, outlet, outburst
sfolgorante glittering
sfondare to knock the bottom out of
sforacchiato full of holes
sformare to deform
sforzare to force; (*rfl.*) to strive
sfòrzo effort
sfragellare to smash
sfregiare to disfigure, to cut
sfrégio disfigurement, slash
sfuggènte evasive
sfuggita *di* — fleetingly; stealthily
sfumante fading
sgabèllo stool
sgabuzzino pokey, small room
sgambettare to gambol
sghignazzare to laugh derisively
sgocciolare to drip
sgocciolatura dripping
sgomentarsi to become dismayed
sgoménto (*n.*) dismay; (*adj.*) dismayed
sgonfiare to deflate, to hang loosely
sgorgare to gush
sgradévole unpleasant
sgràffio scratch
sgraziato awkward, unattractive
sgretolare to crumble
sgridare to scold
sgróndo dripping
sguajato coarse, rude
sgualcito crumpled
sguardo look, glance

sguizzare to dart
sgusciare to slip
siccità drought
símile similar
singhiozzare to sob
singhiózzo sob
siringa syringe
slogare to dislocate
smagrito emaciated
smaltato enamelled, glazed
smània craving
smaniare to rave, to talk wildly
smanióso restless
smarrire to lose; (*rfl.*) to become lost, confused
smemorato unremembering
sméttere to stop
smisurato boundless
smontare to get down
smòrto wan
smucciare to slip
smunto pale
soave sweet, gentle
soavità gentleness
sobbalzare to jump
sobbórgo suburb
socchiúdere to half shut
soccórso aid
soddisfare to satisfy
soffiare to blow
sóffio puff
soffitta attic
soffocare to suffocate, to keep quiet
soffuso suffused
soggiúngere to add
sòglia threshold
sognare to dream
solàjo attic; *camera a* — attic room

solennità ceremony
solere to be accustomed to
sòlito usual; *di* — usually
sollecitazióne (*f.*) enquiry
sollevare to lift
sollièvo relaxation, relief
sòllo soft
somaro donkey
sommésso low, soft
sommità height, summit
sómmo supreme, extreme
sonare to ring
sonnecchiare to doze
sónno sleep
sonnolènto sleepy
soperchiería outrage
sopportare to put up with
sopportazióne (*f.*) forbearance
sopràbito overcoat
sopraccíglio (*pl.*, *le sopracciglia*) eyebrow
sopraffare to overwhelm
soprappréso suprised
sopravanzare to surpass
sopravvenire to arrive; to occur
sorcigno mouse-coloured
sórgere to arise
sorrèggere to support
sorsare to snuffle
sòrte (*f.*) fate
sorvegliare to watch over
sorvolare to skim over
sospèndere to suspend
sospensióne (*f.*) suspension; *a* — hanging
sospettare to suspect
sospirare to sigh (for)
sostenére to maintain

sótto sótto secretly, stealthily
sottopórre to submit
sottrarsi a to evade, to escape from
sovvenire (and *rfl.*) to remember
spaccare to split
spaccatura split, crack
spago string
spalancare to open wide; (*rfl.*) to open out
spalla shoulder; *voltare le spalle* to turn one's back; *alle spalle di* at the expense of
spallétta parapet
spallièra back (of chair)
spalmare to smear
sparato shirt front
spàrgere to spread
sparire to disappear
sparpagliare to scatter
spartire to divide
sparuto emaciated
spàsimo spasm of pain
spasimóso agonised
spassarsi to enjoy oneself
spatriare to leave one's country, to emigrate
spaurito scared
spavaldo arrogant, defiant
spaventarsi to become frightened
spaventóso frightful
spazientito out of patience
spazzare to sweep
spazzolare to rub, to brush
spècchio mirror
spècie *in* — especially
specióso specious; singular
spègnere to put out, to extinguish

spènto faint
sperduto stray, lost
spergiurare *giurare e* — to swear vehemently
sperimentare to experience
spésa expense
spettinato uncombed
spettorato bare-chested
spiare to watch closely
spiccare to stand out; — *un salto* to take a jump
spiccato distinct
spíccio expeditious
spiegare to explain; to unfurl
spietato pitiless
spillo pin
spíngere to push; to urge on
spinóso thorny, prickly
spintóne (*m.*) push
spiovènte overhanging
spira coil
spirante languishing
spirare to breathe; to emanate
spogliare to strip; to undress
spolverare to dust
sporcare to dirty
spòrgere to stick out; (*rfl.*) to lean over
sposina young bride
spostato (*n.*) misfit
sprangare to bolt
sprazzo jet
sprecare to waste
spretarsi to leave the priesthood
springare to kick about
sprofondarsi to bury oneself
spudorato shameless
spuntare to appear; to unpin
sputare to spit

squacquerato uproarious

squadrare to look up and down

squàllido dreary, wan

squallóre (m.) dreariness

squassare to shake

squilibrato off balance

squillo ring

squittire to squawk

stabilire to establish

staccare to detach

stagliarsi to stand out

stampare to print

stampèlla crutch

stanga side-piece (of spectacles)

steàrica (n.) tallow candle; stearico (adj.) tallow

stèndere to stretch out; to strain; to compose

stentare to have difficulty

stènto privation, difficulty; a — with difficulty

stèrco dung

sterminato boundless

stèrpo thorn bush

sterrato unmetalled road surface

stile (m.) style

stimare to estimate

stinto discoloured

stirare to stretch out

stizza annoyance, irritation

stizzirsi to get angry

stòffa material

stòlido stupid

stolzare to start

stóppa tow

stóppia stubble

stòrcere to twist (away)

stordiménto dazed state

stordire to daze, to stun

storditàggine (f.) stupidity

stórmo flock

stornare to deviate

stòrpio crippled

stòrta sprain, rick

strabuzzare to open wide, roll (eyes); burst out, gape (shirt front; Marsina stretta)

strambo strange

strappare to tear away, to wrench

strappo tug, wrench

stratta pull

stravòlto anguished; contorted

stràzio torment, torture

strepitóso noisy

strétto (adj.) close, narrow, tight; lo — necessario the bare minimum; (n.) narrowness

strettura tightness

stricnina strychnine

strídere to clash

strídulo strident

strillare to scream

strillo scream

stríngere to clench, to clasp; — i denti to grit one's teeth

strisciare to rub against

stríscio streak

strizzare to squeeze; — gli occhi, to screw up one's eyes

strofinàccio duster

stroncatura adverse review

stroppicciare to rub

strozzare to throttle, to strangle

strúggersi to be consumed with anxiety

struggiménto longing, pining, torment
strusciare to scrape
subaffittare to sub-let
súdicio dirty
supèrstite (*n.*) survivor; (*adj.*) surviving
sussurrare to whisper
svanire to vanish
svaporare to evaporate; to die down
svegliare to wake up
svèlto quick
sventolare to flap about
sventura misfortune
svergognato shameless
sviare to deflect
sviscerato devoted
svogliato unwilling
svòlgere to unwrap; to deal with

tabèlla board
tàglio cut
talvòlta sometimes
tana den
tanàglie (*f.pl.*) pincers
tanfo stench, musty smell
tappéto carpet
tardare to delay
targa nameplate
tarma woodworm
tartana single-masted boat
tartaruga tortoise
tassa tax
tégola tile
téla cloth
tèma (*m.*) theme
temére to fear
tèmpia temple (of head)
tèmpio temple (building)

tendina curtain
tenebróso shadowy
tenerézza tenderness
tenérsi di to refrain from
tentare to tempt; to try
tentatrice (*adj.*, *f.*) tempting
tentennare to waver, to sway; to wag; to hesitate
tènue tenuous
teoría theory; procession
tèrga (*f.pl.*) back
terremòto earthquake
terréno (*adj.*) worldly; of ground floor
terribilità frightfulness
terrigno earthy
terróso muddy
tésa brim
tesòro treasure
testimonianza testimony, evidence
testimònio witness
tetràggine (*f.*) gloom
tètro gloomy
tigrato streaked
timóre (*m.*) fear
tiratóre marksman
títolo title; qualification; share
titubanza hesitation
toccare to touch; — *a qualcuno* to fall to someone's lot
tòffo clod of earth
tònaca monk's habit
tòpo rat
torace (*m.*) chest
tórbido murky
tòrcere to twist
tornare to return; — *a guardare* to look again
tòro bull
tórre (*f.*) tower

torrènte (*m.*) mountain river, stream

tòrto *avere* — to be wrong; *dare* — *a* to contradict; *stare dalla parte del* — to be in the wrong

tòzzo stubby, stocky, squat

traballare to sway

traboccare to overflow; to hurl down

tràccia trace

tracciare to trace out

tradiménto treachery, betrayal

tragitto journey

trama plot; weft, interweaving

tramenío confusion

tramónto sunset

tramvía tram

tramviàrio (*adj.*) tram

tràpano drill

tràppola trap

trarre to pull; — *in inganno* to deceive

trascinare to drag

trascurare to neglect

trasecolato amazed, dumbfounded

trasparènte (*n. m.*) type of bedspread

trasudare to ooze through

trattaménto treatment

trattare to treat; to discuss

trattazióne (*f.*) treatment

trattenére to hold back; (*rfl.*) to stay

tratto stretch, period, distance; *d'un* —, *a un* — suddenly; *di* — *in* — from time to time

trattoría restaurant

travàglio labour

trave (*f.*) beam

travèrso *di* — sideways

tremicchiante trembling

tremolare to tremble, to shake

tremolío shimmering

trèmulo tremulous

trepidante anxious

trepidare to be anxious

tréspolo trestle

trina lace

tripúdio jubilation

tristézza sadness

tristo evil

tritare to grind

troncare to cut short

trottare to trot

tuba top hat

túbero tuber

tuòno thunder (clap)

turare to stop up

turbarsi to become upset, uneasy

turpe filthy

tuttoché although

tuttóra still

ubriaco drunk

udiènza audience

uditòrio audience

uguale equal

uliva olive

ulivo olive tree

úmido damp

umbro Umbrian

úmile humble

umiliazióne (*f.*) humiliation

uncino hook

únghia (finger) nail
unghiuto clawed
uragano hurricane
urlare to yell
urtare to bump; to offend
urto push, bump
uscière court messenger
úscio door

vagare to wander
valènte excellent
valérsi to make use
vàlido strong; able
valle (*f.*) valley; *a* — downstream
vangèlo gospel
vano (*adj.*) vain; ineffectual; (*n.*) opening
vaporare to steam
vapóre (*m.*) steamship; steam
vaporino small steamer
varcare to cross
variopinto many-coloured
vaso pot
vecchiàja old age
védova (-o) widow; widower
végliare to watch over
véla sail
veleggiare to sail
velenóso poisonous
vèllo fleece
velluto velvet
vélo veil; voile, muslin
vendicare to avenge
ventura good fortune
venturo next
verdura greenery
verecóndo chaste
vergógna shame
vermicare to swarm
versàccio grimace

versare to pour, to shed; to pay
vèrso (*n.*) line; song (of bird); *non c'è* — there is no way
vertígine (*f.*) dizziness
véscovo bishop
vetrata glass door
vetrina window
vétro glass, pane
vettura cab
vetturino cabby
vézzo grimace
viale (*m.*) avenue
viandante passer-by
vicènda happening; alternation, changing
vieppiú more and more
vietare to forbid
vigliacco cowardly
vile cheap; cowardly, contemptible
villanía insulting behaviour
villano peasant
villeggiatura holiday; *in* — on holiday
viltà baseness
violàceo purplish
vípera viper
virgulto twig
víscere (*f.pl.*) bowels, guts, insides
vistoso showy
vita life; waist
vítreo glassy
víttima victim
vitupèrio vituperation
viuzza narrow street
vóce (*f.*) voice; news, rumour; *con* — *grossa*, in a harsh voice

vòglia desire

vòlgere to turn; *col — degli anni*, with the passing of the years

volontà will

voltare (and *rfl.*) to turn

volteggiare to twist

vólto face

voluttà delight

voluttuóso luxurious, voluptuous

vôtare (*vuotare*) to empty

zampa paw

zanzara mosquito

zappa hoe

zappare to hoe

zàzzera long hair covering neck

zèlo zeal

zibaldóne (*m.*) notebook

zitellóna old maid

zitto quiet, silent

zoppicare to limp

zòccolo hoof

zucchétto skull-cap

zúfolo pipe

zuppo drenched